運を呼び込む！成功している人の
スキマの法則

まだ誰も知らない
新しい引き寄せの法則

社会心理学者
八木龍平

扶桑社

はじめに

余りものに「こそ」福がある

本書を手に取っていただき、ありがとうございます。

この本を手に取ったあなたに、まずお伝えしたいことがあります。それは、あなたの人生は、これから着実に「余裕」が生まれ「運が良くなる」ということ。

実はもうすでに、「スキマの法則」が発動し、あなたのスキマは拡大し始めているのです。


申し遅れました。この本の著者の八木龍平と申します。ブログ「リュウ博士の自分で考えるスピリチュアル」で、神社参拝や、スピリチュアルで人生を豊かにするためのコツについて書いています。

これまで『成功している人は、なぜ神社に行くのか？』『成功している人は、どこの神社に行くのか？』（サンマーク出版）など、神社に関する本を書いてきた神社好きの大学教員です。

神社好きで、スピリチュアルなブログを書いていると言うと、会話が成立するのか心配する方も少なくないのですが（！）、会社員や地域活動の経験も長い（地域の魅力を伝える、まちの記者を養成する活動などもしていました）、ごく普通の日本人で社会人です。

もともとそんなに信心深い人間ではなく、むしろ「迷信は大嫌い」な方でした（笑）。ところが神社の自然豊かな参道を歩き、手を合わせるのが好きになるうちに、「神社っていいよ！」と周りに宣伝したくなり、神社の魅力や歴史、社会的な意味を本だけでなく、ブログや講演会でもお伝えするようになりました。

大学で教員をしている博士ですから、人よりはちょっと「論理的」。そこが、スピリチュアルなことをお伝えする人間としては希少価値があるようで、一般の企業・団体から講演に呼んでいただいています。不思議なことは好きだし知りたいけれど、会話が通じない人は困るというニーズにお応えしているようです（笑）。

自己紹介はこの辺にして、本書でまずお伝えしたいことがあります。

「余りものには福があるとは、真実です」

残りものには福がある、とも言いますね。誰かが残したモノ、最後に残ったモノの中には、思いがけない価値あるモノが残っているという意味です。

本当にそうだと科学的に証明されているわけではないと思いますが（笑）、人を押しのける欲深い人よりも、欲を出さない思慮深い人にこそ幸福がやってくるという教えです。

「そんなこと言って、良いものは先に取られちゃうでしょ！　余りものには〜なんて言ってたら、ろくなモノが残ってないいんじゃないの？」

20年以上前はそうだったかもしれません。何をしたらいいのか、物差しが共通の時代です。良い大学に入り、良い会社に入り、良い結婚をする……の「良い」の基準が同じだったからこそ、速い者が手に入れる「スピード命！」の時代でした。

しかし、この21世紀、ひとりひとりの「良い」の物差しは違います。目指すもの、登る山はひとりひとり違うと言ってもいいですね。あなたの「良い」は、ちゃんと余っているし、残っています。だから何も急がなくていいんですよ。

本書は、あなた自身の「良い」を見つけるお手伝いをするために書きました。 その「良い」を見つけるカギになるのが「余り」、すなわち本書のテーマである「スキマ」なのです。

置いていかれたものの勝ちです

僕自身、一般的な「良い」の線路を大いに外れることになりました。科学者がスピリチュアルに走るのは、長老になってからと相場が決まっています（笑）。スピリチュアルは大風呂敷を広げますが、若手や中堅の科学者はたたむことを求められます。風呂敷をたたむのに疲れたわけではありませんが、自然の流れに任せていたら、自分自身の内なる衝動に素直でいたら、今に至りました。

今の僕は、これまで歩んできた研究者として、ビジネスマンとしての道のりからすると、完全に競争から脱落しましたし、置いていかれました。階段から転落したら、そこにも世界があったって感じです。

階段から転落することの良さは、「自由になること」。自由になることで、ひとりひとりの「良い」におのずと導かれます。

僕の「良い」は、たとえば神社で手を合わせ、その神社の空気に溶け込むことでした。そうしたら、神社を紹介することが仕事になりました。

僕の「良い」は、たとえば結婚するなら、妻の役割を何も果たさない女性と結婚することでした。妻の役割っていろいろありますが、子供の頃から「もし何もやらなかったら、どうなる？（やらなくてもいいことがいっぱいあるのでは？）」と思っていました。そうしたら、妻の役割を何もしないと決めている女性と出会い、結婚しました。コインの裏表で、夫の役割も何も果たしていません。

これらは僕の「良い」です。僕の「良い」は、社会のレール、人生一般のレールとは外れたところにあるのかもしれませんが、だからこそ、そのレールから置いていかれてよかったと思っています。

そしてもちろん、**あなたにはあなたの「良い」があり、その「良い」**

は必ず見つかりますし、実現します。本書を、あなたの「良い」を実現する地図としてご活用ください。地図といっても、僕があなたの地図を書くわけではありません。地図は「自動的に」書かれます。本書はその地図ができるスペースを、あなたの中につくるお手伝いをします。そのスペースこそが「スキマ」です。

スキマの法則が発動すれば、「運」も自動的に巡ってきます。なぜなら、運とは、あなたの「良い」を実現するためのものだから。周りから置いていかれて、あなたがあなたの道を歩み始めたとき、初めて「運」がやってきます。

「スキマの法則」を発動する心の準備はできましたか?

できた人から、気軽に読み進めてくださいね。

スキマ発動スイッチON!!

八木龍平

目次

第3章 仕事編

第4章 お金編

第5章 人間関係編

第6章 暮らし編

第7章 神様編

第 1 章

成功している人は何が違う？

これからの時代、
「スキマ」が成功をつかむ
カギになる

成功へ導く人やモノ、情報は「スキマ」に入ってくる

誰しも、成功して理想の人生を送りたい、と願いを抱いています。

「会社で出世したい」
「たくさんの人に愛され、信頼されるようになりたい」
「起業して大金を稼げるようになりたい」

でも「このまま」ではその願いは叶いません！　残念っ!!
なぜだか、わかりますか？　願いでパンパンで、これ以上何も入らないからです。
パンパン、きつきつ、ぎゅうぎゅう、三密！！！（笑）

満員電車にこれ以上の人は乗れません。
スケジュールがいっぱいなら、新たな予定は入れられません。
だったら、どうしますか？
空ければいいんです。スキマを。空きスペースをつくるのです。

いらないもの、持ちすぎてませんか？
やらなくていいこと、やりすぎてませんか？
抱え込まなくていいこと、抱え込みすぎてませんか？

「いやいや、だって、もっと良くなるには、もっと頑張らなきゃいけないでしょ！」
反論が聞こえてきました（笑）。

その願いを叶えるためには、休むヒマもなく頑張らないといけない！と思っている人は多いのではないでしょうか？　デキる人や成功者は、いつも忙しく駆け回っているはず、というイメージを抱いている人も多いかと思います。

でもそれは、大きな間違い。

これからの時代、成功をつかむためのキーワードとなるのが、**「スキマ」**です。

現代社会では、みんなが忙しく過ごしていて、心にも時間にも余裕がない。よく言えば効率的ですが、悪く言うと窮屈で〝遊び〟がありません。

加えて、今の時代は多くの情報が身の回りにあふれていて、SNSやメールで四六時中誰かとつながることができる。気の休まるヒマがなく、心や時間のゆとりがつくりにくい状況です。

これでは、どんなに頑張っても成功を呼び寄せることは難しいし、仮に呼び寄せたとしても、頑張りすぎで負担が大きく、幸せになれません。

さらに、コロナショックを機に、経済のサイズダウンが避けられない状況になり、これまで続いてきた社会システムが大きく変化します。

そんな今の時代だからこそ、「肩の力」を抜いて、「ゆとり」を持つタイミングなのではないでしょうか？

暦では、季節の変わり目を「土用」と言います。春・夏・秋・冬になる直前の17～19日間を指します。土用は「じっとしている」のが鉄則。変化にはエネルギーが必要です。新しい季節を迎えるためには、力を蓄えるための準備期間がいるのだと、昔の人はわかっていたんですね。

あなたの人生にも、「土用」を意図的につくってみませんか？

特に近年は、右肩上がりの経済はもう無理だとわかり、終身雇用など戦後から続いてきた仕組みは保てなくなっています。今は、来るべき大きな変化の前に、力を蓄える「土用」、つまり**「ゆとり＝スキマ」をつくる時期**ではないでしょうか。

先の見通しが立たない世の中では、ただガムシャラに頑張り、既存のルールや価値観に従っているだけでは、成功を手にすることはできません。

不安定な社会でも、運やチャンスをしっかりつかみ、成功している人。
努力しても報われず、人生に不満を抱いている人。
違いは、どこにあるのでしょうか?

それは**「スキマがあるかどうか」**です。

スキマとは、心や時間、空間における「空きスペース」のこと。
悩みだらけの心やへとへとに疲れた体、予定が詰め込まれた毎日では、いっぱいいっぱいで余裕がなく、新しいものが入ってくるスキマがありません。

せっかく訪れた運やチャンスが、入る余地もなく去ってしまう。

スキマがあるからこそ、理想の未来を創造するための人やモノ、お金、情報が入ってくるのです。そしてスキマをつくることで、自分の思考力や判断力、直感力も磨かれていきます。

ぜひ皆さんも、成功に導くための「スキマ力」を身につけ、人生に新しい流れを呼び込んでいきましょう。

スキマのある成功者の共通点

経営者、アスリート、作家、アーティスト……。僕が今まで見てきた成功者には、ジャンルを問わず共通点がありました。

まずひとつは、自分のことに集中している。他人の目を気にせず、よそ見をしない。**自分がやるべきことを見極めて集中しているから**、すごく生き方がシンプルなんですね。

次に、性別や年齢を問わず、**話にムダがなく短い人が多い。**話の主体は常に「自分」であり、他人の視点は入っていません。これは決して自分アピールが強いのではなく、自分の意志が明確なだけです。

自分の主張ははっきりしていますが、頭が固いわけではなく、**「まあ、いいんじゃない？」**とどんなことでも寛容に受け入れるのも、彼らの共通点。

パートナーの浮気、思わぬ出費、自分のケガや病気……。普通なら怒ったり、落ち込んだりする深刻なトラブルがあっても、「これ、笑えるなあ」「ウケるんですけど〜」と、笑い飛ばせる。

これは、無理やりポジティブになろう！と自分に言い聞かせているのではありません。辛いときにあえて平気なフリをする人もいますが、「言い聞かせなきゃ」と考える時点で、気にしている証拠です。

人生で起きたあらゆる出来事に、ユーモアを見いだす。これが成功者の思考なんですね。

「人生はクローズアップで見れば悲劇だが、**ロングショットで見れば喜劇だ**」というチャップリンの名言があります。辛いこと、苦しいことがあっても、遠くから見れば面白い、という意味ですね。

この感性はまさに、「スキマ」を持っているから。物事を俯瞰することができるスキマをつくれば、どんなトラブルに直面しても、笑って対処できるようになるのです。

第2章

スキマの法則の仕組み

まだ誰も知らない
日本人に適した
新しい「引き寄せの法則」

「スキマの法則」は「引き算」で引き寄せる

スキマをつくって、成功を引き寄せる。それって「引き寄せの法則」とどう違うの？　そう思う人もいるかもしれませんね。

「ちょっと言葉変えて、パクってんじゃないの～そういうの、ありがちだよね！」みたいなっ！（笑）

しかし、「引き寄せの法則」は当初アメリカで流行したものが日本に入ってきたので、すごくアメリカ的。そのまま使用すると、日本人にはちょっと合いません。

日本の文化・考え方に合った「スキマの法則」こそが、日本人に最も適している、「新しい引き寄せの法則」と言えるのです。

もともとの「引き寄せの法則」は、簡単に言うと「成功を強くイメージすることで望みを現実化する」考え方です。さまざまな人が提唱していますが、共通しているのは**「足し算」**であること。「お金が欲しい」「パートナーを見つけたい」「仕事で結果を出したい」……など、あれが欲しい、これが欲しい、という足し算です。

僕は決して、その考え方を否定するわけではありません。足し算にうらみはない（笑）。もちろん、引き寄せの法則にもうらみはありません。

ただ、こうした足し算の考えは、料理にたとえるとフランス料理のソースのようなもの。どんどん素材を掛け合わせて、複雑な味わいを作っていく。

対して日本料理は、「おだし」です。だしをとることを、だしを「ひく」と言いますよね。余計なものをそぎ落とし、シンプルに素材の旨味を活かす。この**「引き**

算」の考え方の方が、日本の風土や人には合っているのではないか、と考えたのです。


引き算の考え方は、「素材の旨味」を「自然に」引き出します。

たとえば、僕はよく神社参拝をしますが、神社といえば、「お金が欲しい」「パートナーを見つけたい」「仕事で結果を出したい」というように、まさに足し算の願いのために訪れる方も多いでしょう。それで実際に参拝し、ご神前に手を合わせてみると、

「あ、願うの忘れた（汗）」


こういうことが、けっこう起こります。で、「次に行くときはちゃんと明確にお願いしよう！」と決意する、ちょっとポンコツなやつです（笑）。

でも、これがいい。神社に行くと、一瞬「素」に戻っている。素のままの状態に、自然に戻っているのです。

そうやって願いを忘れられるなら、その願いは「引き算」していい。引き算したら、

意識の中に「空きスペース＝スキマ」ができます。

「お金が欲しい」「パートナーを見つけたい」「仕事で結果を出したい」などのたくさんある願いも、神社で手を合わせているうちに、「本気の願い」以外は、すっと消えます。そうやって意識に空きスペースができたら、新たに必要な何かが入ってくる。

それはお金かもしれないし、パートナーかもしれないし、仕事の結果かもしれない。

引き寄せたい対象を、あれもこれもと自分の頭で決めなくていい。素の状態のあなたになれば、必要な物事は、自然に当たり前に入ってきます。

日本の文化には、何もない部分に美しさを見いだす「余白の美」の考え方があります。余白をつくることで、美を生み出す。

それと同じように、**心や時間に空きスペースをつくることで、創造する力を生み出す。**これがまさに、「スキマの法則」です。

試しに、モノでいっぱいになった部屋を想像してみてください。窓やドアの前にモノが積んであって、人が通り抜けできず、空気の流れも滞った状態です。これでは、新しいものが入る余地がありませんよね。

滞りの原因となっている不要なモノを片づけ、空きスペースをつくる。すると空気の流れが良くなり、居心地のいい空間に生まれ変わります。

これを心や時間に置き換え、余白をつくっていくことで、運や成功を呼び寄せる。

この「スキマの法則」の世界に、これから皆さんをご招待しましょう！

どうしたら、スキマは生まれる？

スキマをつくるには、2つのステップがあります。まずひとつ目は、「心のムダ」を取り除くこと。次に「心の器」を広げることで、自分のスキマを増やしていきます。

ムダを取り除く。器を広げる。この「2ステップ」です。

心のムダとは、悩み、焦り、嫉妬心といった、本来は必要のない感情です。それらのひとつに、「罪悪感」があります。「罪悪感」は、「これをしてはいけない」と、知らず知らずのうちに自分の心にかけているブレーキです。これが取り払われれば、「これもしていいんだ、あれもしていいんだ」と心が解放される。自由になった結果、

行動の選択肢が増えて、物事が成功する確率が高まります。

もちろん、社会的に許されない行為に罪悪感を持つのは当たり前のことですが、実は自分が「これはしてはいけない」と勝手に罪悪感を抱いているだけで、社会的には禁じられていないことや、あるいは周囲の環境が変われば許されることもたくさんあります。

会社でたとえるなら、

「自分の仕事は終わったけど、周りのみんなが残業しているから、仕方なく自分も残っていよう……」

「職場の飲み会、行きたくないけど仕方なく参加しよう……」

よくあるケースですよね。でも、「帰っても構わないんだ」と自分の心から「先に帰る」ことへの罪悪感を消すことはできる。あるいは、もっと自由な職場に転職したり、すべて自分の裁量で決められるように独立することもできます。

「帰る」という行動ひとつ取っても、自分次第で選択肢を増やすことは可能です。


これは20年近く前の話なので、もう時効だと思うのですが、僕は会社に勤めていた頃、勤務中にもかかわらず近所の銭湯によく行っていました（笑）。これはダメなことでしょうか？　所要時間にすればほんの30分程度だし、お風呂でリフレッシュすることで、仕事の生産性も上がります。

自分がより良いパフォーマンスを発揮できる環境を、自分自身で整えていく。これがつまり、「器を広げていく＝スキマを大きくしていく」ことなのです。

銭湯に行った後、上役のSさんに「銭湯に行ってました」と報告したら、大笑いして「気持ちいいなっ！」と言われました。Sさん、さすがです。「こんなアホに何言っても仕方ない」とあきれられただけかもしれませんね（苦笑）。

たとえがアホみたいで説得力があるのか不安ですが（すみません）、「器を広げていく＝スキマを大きくしていく」とは、**「自己裁量の余地が大きくなる」**こと。つまり自分で決める余地が増えることですね。自分の考えで判断し、行動できる範囲が広がれば、あちこちに潜んでいるムダも省きやすくなります。会いたくない人には会わない、ムダな会議や打ち合わせは入れない、無用な気遣いはしない……。そうやってムダを省いていくことで、心や体への負担が減り、スキマが生まれます。

そうはいっても、いきなり転職したり、独立したり、環境をがらりと変えるのは難しい場合もあるでしょう。まずはできる範囲から「自分で決める余地」を増やしていくのが手です。

職場であれば、デスクにお気に入りの写真やキャラクターを飾ってみる、昼休みに仮眠を取る、自分のノルマが終わったら帰る……。小さなことで構いません。重要なのは、**他人や会社のつくったルールじゃなく、自分のルールや価値観で動くこと。** 自由に動ける環境を増やしていくことで、次第に自分の器は大きくなっていきます。

なぜ自己裁量権を広げることが、スキマの拡大につながるのか。

10年、20年と仕事の世界で頑張ってきた人が、いざ休んでいいとなると、しばらく何もできずひたすら寝続けて、それからようやく動きだします。それだけ世の中の人は、みんな疲れている。常に心や体に負担がかかっている状態です。

頑張り続けているときは、呼吸は浅く速くなり、交感神経の働きが高まって心拍数が上がり、筋肉が膨張します。瞬時に行動を起こせる状態です。すべての動物に備わる「闘争・逃走反応」が活性化し、常に緊張感を伴って「すぐ行動」します。

しかし、「どんな行動をしたらいいか」とアイデアが生まれるのは、リラックスしているときです。呼吸は深くゆっくりで、副交感神経の働きが高まり、心拍数は安定して、血流が体のすみずみまで行き渡ります。結果、脳や五感の働きも高まり、直感が冴えます。「意識の空きスペース＝スキマ」が豊富な状態です。

行動せずして現実は変わらないし、結果も出ません。同時に、行動ばかりしていると、目先のことにしか反応できないし、現状維持以上のことはできません。頑張り続けるほど、血管が収縮して血流が悪くなり、心身のパフォーマンスも低下します。だからこそ、負担がかからない環境に整えて、スキマをつくり、心身を自由にしていくことが大事なんですね。

時間の余裕がスキマを生む

スキマを広げるためにぜひ見直してほしいのが、スケジュールの立て方です。現代人には、予定がぎっしり詰まった真っ黒の手帳を、「充実している証し」と捉える人が大勢います。

でも、常に**予定が埋まった状態では、新しい人や情報、モノが入ってくるスキマはありません。**せっかくのチャンスが訪れても、つかむ余裕がなく、現状維持にとどまってしまうんですね。

スケジュール帳が真っ黒に埋まっていないと不安になる人は、一種の罪悪感にとらわれています。これも、心のムダのひとつ。取り除いていきましょう！

実際、経営者やアーティスト、特別な立場ではないけれども表情がやわらかく笑顔が素敵な人たちの手帳を見せてもらうと（のぞき見したわけじゃないっ！）、安定して成功している人、突き抜けて成功している人、幸せなんだろうなと心から感じさせる人は、**すかすかに空いています。**ヒマなんじゃなくて、その空き時間は、自分の仕事、自分のやることに集中しています。

もちろん、社会的に大きな責任を負って、分刻みに忙しくされている方々もいます。重圧と闘いながら活躍する方々には尊敬しかありません。

一方で、ハタから見てうまくいってなさそうに感じる人も（失礼っ！）、意外なほど予定でいっぱいです。なぜかというと、他人との不要不急の予定でいっぱいなのです。せっかくスキマをつくりやすい状況なのに、自らスキマをなくしているわけですね。

多くの人が共通して「自分もああなりたいな」と思える人は、単にビジネスで成功しているだけでなく、プライベートもうまくいっている人でしょう。やっぱり「幸せでいたい」ですからね。それは結局、「時間に余裕がある」に尽きるんです。

だからこそ、最近、新しい出会いがない、良い変化が起こらない、チャンスに恵まれない……と感じているなら、**「手帳に余白をつくる」**ように意識してください。スケジュールに生じたスキマに**良い人や情報、モノが入ってきて、新しい流れを引き寄せる**ことができるでしょう。

スキマは成長するための「のびしろ」

自分では、スキマが空いているかどうかわからない……。そんな人は、次の項目で当てはまるものをチェックしてみてください。

□なかなか良い顔色をしている
□平凡な日常でも、楽しく過ごしている
□おおむね快適な環境で過ごしている
□急な嬉しいお誘いにも、柔軟に対応しやすい
□この2年、新しい友人・仕事相手がかなり増えたように思う
□部屋はすっきり片づいている方だ

□周りの人には恵まれていて、よく助けられている
□毎日リラックスする時間がある
□3年前に比べると、自分は確実に成長したように感じる
□眠いときはガマンせず寝ている
□人と自分の差や違いを、前向きに比較できる

当てはまる項目が3個以下の人は要注意。スキマが小さくなっている可能性大です。

スキマが小さくなると、表情が硬くなって笑顔が少なくなり、体も常に緊張してこわばります。集中しているとき、一時的に体が緊張するのは問題ないのですが、スキマが小さい状態に陥っている人は、体だけ動いて、頭は動いていない状態。何かしら行動はしているけれど、発想豊かに考えられていないんですね。これが続くと、アイデアを生み出す力、インスピレーションが乏しくなるのはもちろん、血流が悪くなり体調もイマイチになるでしょう。

なんておどしているみたいで、かえって皆さんのスキマを小さくしかねないですね（それじゃ本末転倒！）。

口直しに、ひとつ良い話を紹介します。音楽プロデューサーでロックバンド「シャ乱Q」のボーカルだったつんく♂さんの著書『一番になる人』（サンマーク出版）に、こんな話がありました。「ズボンのチャックが開いてるよ」と言われたときに「ホンマかあ。ワハハ」と言える男は出世する。**「突っ込まれシロ」のある人が出世するのだと。突っ込まれシロとはつんく♂さんの造語で、突っ込まれる余地のある人ですから、これもスキマ力です。**

この話をブログに書いたら、その後、神社をご案内するイベントで、会う人会う人に、「チャック開いてますよ！」と言われてまいりました（苦笑）。僕には、つんく♂さんほどの突っ込まれシロはないようです（↑当たり前）。

行動するだけでなく、改善点を見つけて次に活かす。この繰り返しによって、人は成長していきます。改善点を見つけるには、自分の至らない部分や失敗を認めないといけませんが、突っ込まれシロの大きい人は、これができます。**スキマがあることで、自分のマイナス面を認められるのです。**

「とりあえず目の前の課題をなんとかしなきゃ」という短期的な思考だけではなく、未来の成長まで長期的に考える余裕が生まれるわけですね。

また新しい友人や仕事相手も増えます。新しい人が入ってくる余地があるのも、スキマがある証拠。対人関係が「満員状態」で固定化していると、新しいつながりも生まれず、変化・成長することはないでしょう。

スキマは、いわば「のびしろ」。スキマがあるからこそ、**人間関係も広がり、成長することができる**のです。

スキマが広がると「器の大きい人」になれる

よく、「器の大きい人は成功する」と言われますが、器の大きさは、**「自分自身にどれだけOKを出せるか」**で決まります。

スキマは意識空間にたとえることができます。「スキマが大きい」とは、つまり意識が大きい状態。あ、わけがわからないという苦情が聞こえてきました！

意識空間の具体例をひとつお示ししましょう。青山学院大学名誉教授で異文化コミュニケーションや国際経営学を研究されてきた林吉郎氏が考案した「6眼モデル」を用いて、もう少し詳しくお話しします。林氏には共同研究で大変お世話になり、共著『本当の自分がわかる6眼心理テスト』（創元社）も出版いたしました。

6眼モデル

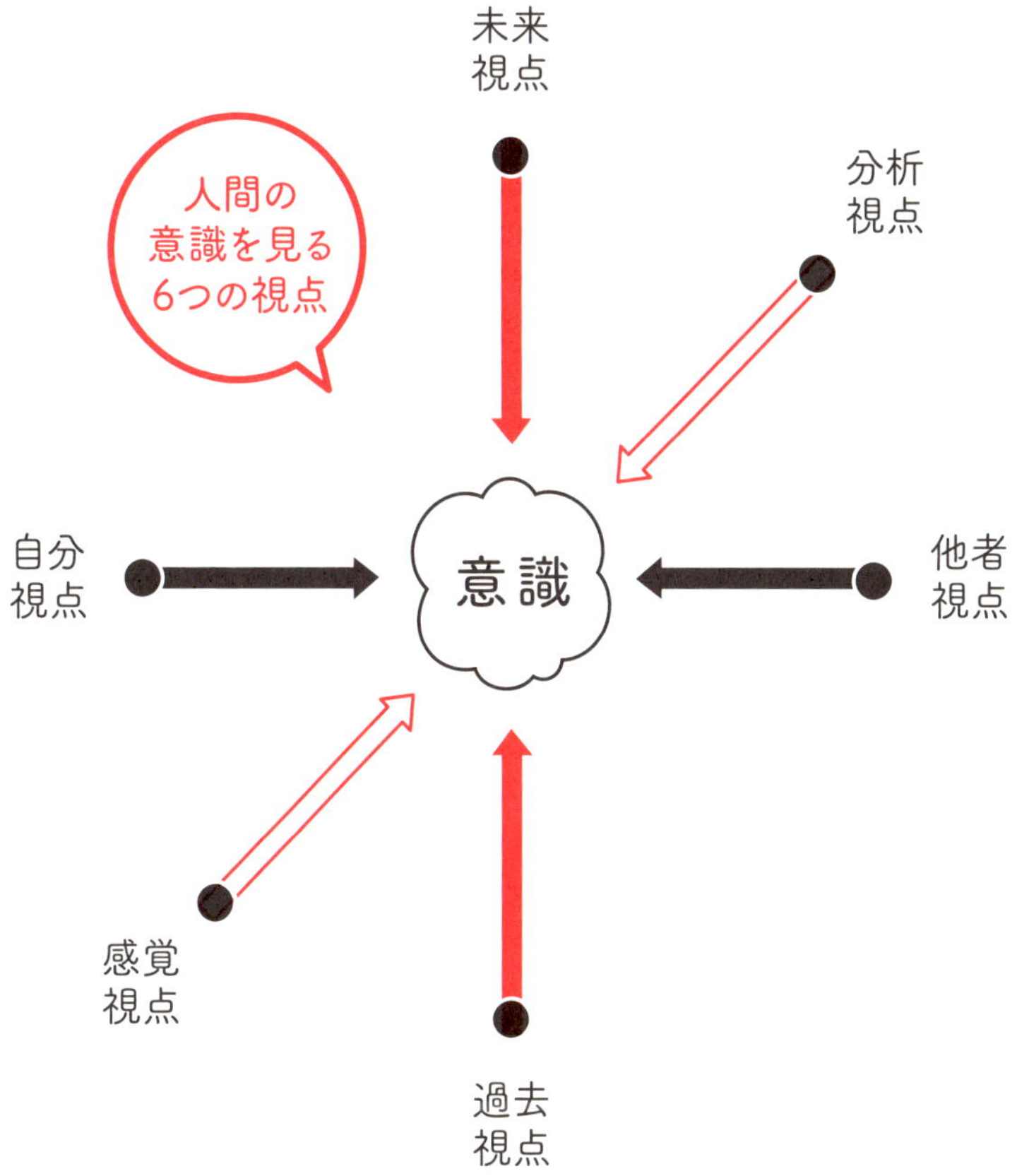

「6眼モデル」とは、意識を「自分／他者」「未来／過去」「分析／感覚」の3つの軸・6つの視点で表す方法です。物事を認識する際に、「どの視点で捉えているか」を確認すると、その人の思考のクセが見えてきます。

多くの人の意識はどちらかの視点に偏っています。自分視点と他者視点のどちらかに偏り、未来視点と過去視点のどちらかに偏り、そして分析視点と感覚視点のどちらかに偏る。特に偏りやすい3つの軸を選んでいるのが、6眼モデルの特徴です。小難しくてすみません、ここまで大丈夫でしょうか⁉

理想はすべての軸がバランス良く統合された状態。そうなると、**意識空間が広がり、物事を「自分視点」からも「他者視点」からも見られる**ようになります。さらに、「未来」も「過去」もクリアに見渡せて、「分析的」な思考も、「感覚的」な把握も可能になります。6つの視点すべてが広がり、どの視点からも、物事を自由に見られるようになるんですね。
これが、6眼モデルから見た「スキマが大きい人」です。スキマがないと、どちらか片方の視点に偏るか、もしくはどちらの視点でも見えていない状態になります。つまり、視野が狭くなる。

そして意識空間＝スキマが大きくなれば、自分自身のこともよく見渡せるようになります。自分を見る視野も拡大し、私とはどういう存在なのか、深く理解するようになるでしょう。すると、自分の持つさまざまな要素に「イエス」と言えるようになる。欠点のある自分、不完全な自分も、「こんな自分もありだよね」と肯定できるようになります。

自分を認められるようになれば、他人にも「イエス」と言えるようになる。それは、「いろんな人を認める」ことでもあります。つまり、自分と異なる価値観、考え方、生き方の人を認めて、自分の意識の中に住まわせておけるようになる。他人を受け入れることができると、他人への接し方にも余裕が生まれます。

いろんな人を認めるとは、自分と違う意見に同意せよという意味ではありません。あ、そういう人もいるな、そういう意見もあるな、と存在することを認める。もっと言えば、私この人嫌いだな、合わないな、そういう人もいるよね、と認め、私の中にもこの嫌いな人と同じ要素があるなと知る。

自分の個性を自分で認めるのです。そうすると、自分の価値観や性格など精神的な輪郭がはっきりします。あなたがどんな人かあなた自身が自覚することで、周りもあなたとの適切な距離感がつかめます。

価値観や性格って目に見えないので、どうしても「ないもの」にされがち。ないものにされると、家族だから友達だから職場の仲間だから一緒にいなくてはいけない、合わせなくてはいけない、という価値観になります。家族や友達という枠でくると、そこに個性はなくなりますよね。

本来、その人の個性によって、私とあなたの個性の組み合わせによって、どこまで一緒にいて、どこまで合わせるか、どのように振る舞うか、が変わってきます。スキマを広げ、「己自身を深く知る」ことで、人間関係もより快適になるでしょう。

器が大きい人は、「この人の前では、私の長所を見せても大丈夫なんだ」と安心される人です。

「短所じゃなくて長所？」と意外に思うかもしれませんが、自分より優れている人と共存できる人って、思いのほか少ないです。劣等感が刺激されたり、それこそ認められなかったり。相手を支配・コントロールする人間関係を築きたい人にとって、人の長所は脅威です。むしろ短所の方が、自分が上に立てると思って受け入れやすい。

長所を認め合える関係であれば、あなたはあなた自身の力を、エネルギーを、存分に発揮できますよね。わざと自分を低く見せる必要はない。まず「私は、私に長所があることを認め、それを人に見せても大丈夫なんだ」と安心することです。そうすれば、スキマが広がって器が大きくなり、「この人の前では、私の長所を見せても大丈夫なんだ」と安心される人にもなるでしょう。

こうなったら、素敵な人ばかりが周りに集まってきますよ。

どんな人ともうまくやっていく必要なんてないし、みんなから好かれる必要もない。それは無理だし、そこを目指すとあなたの個性が消えます。そうではなく、あなたがあなたの個性を認めて、精神的な輪郭がはっきりすれば、「あなたの精神を好きな人」が自然と周りに集まってきます。そうしたら、無理に合わせる人間関係はどんどん減り、あなたが自然体でいられる人間関係がどんどん増えていくでしょう。

自分自身を知る、というのは案外難しいことです。自分が嫌いな人は自分のことを知りたくないし、人の目がすごく気になる人は他人のことを知りたい。でも自分が嫌いな人も、人の目が気になる人も、**意識空間が広がれば**自分のことだけでなく、

「◎◎さんはこう感じているんだな」「今、◎◎さんはこういう状況だな」と他人の気持ちや状況も敏感に察知し、心配りができるようになります。いわゆる「察しのいい人」ですね。

深くゆっくりした呼吸でリラックスすると、副交感神経が働き、脳や五感が活性化すると申し上げました。自分自身に意識を向ければ、**頭のてっぺんからつま先まで感覚が鋭敏になり、すみずみまで見通せる。**脳や五感が活性化するほど「察しのいい人」になるのは、自然なことです。

他人の顔色より、自分の五感やインスピレーションに意識を向けることで、意識空間が広がり、スキマができる。これが、成功を引き寄せる力となります。

第3章

仕事編

成功の方程式に変化が。
これからは、“人間らしさ”が
強みになる

遊びが価値を生む時代に

仕事で成功するためにも、そして幸せに働くためにも、スキマは重要です。仕事そのものだけでなく、クライアント、達成目標、上司や同僚、組織、労働環境……と、仕事にまつわるあらゆる物事と自分との間にスキマをつくることで、対象との間に距離が生まれる。つまりは**客観的な視点で、物事を見られるようになる**んです。

これを心理学用語で「メタ認知」と言います。こんな用語を使った途端、「わけがわからん！」と本を閉じられそうですが、待ってください！（笑）たとえば映画を見て、喜んだり怒ったり、泣いたり笑ったり、特に何も感じなかったりすることが「認知」です。それに対して、「私は今、映画を見て笑っている」と認識することが「メタ認知」です。

このメタ認知が働くと、おのずと仕事にも余裕を持って対処できるようになりますし、結果もついてくる。心にゆとりがあれば、仕事上の人間関係に悩まされることもなくなります。

そして、これからの世の中では、働く上でますますスキマが求められていく、と僕は確信しています。それはなぜか、ご説明しましょう。

GDPは30年近く伸びず、経済成長が期待できない今の日本。未曽有のコロナショックにより、今後は**世界中で大きな停滞が続く**と予想されています。そうした中で、何を作れば売れるのか、どんなものがヒットするのか、見通しを立てるのは難しいです。

では、どうすればいいのでしょうか?

僕は、「遊び」がカギになると思っています。

お金さえ払えば、ほとんどのモノが手に入る現代では、多くの人にとっての「ニーズ」「ウォンツ」は既に満たされています。その上で、人々が何に対してお金を使うかというと、**「必需品ではないけれど、あったら楽しいモノ」**だと思うんですね。

たとえば、インターネットの普及以降、YouTuberという新しい働き方が登場しました。最初は、それは仕事なの?と思われていたであろう彼ら彼女らも、今ではすっかり知名度が上がって、ひとつの職業として世の中に定着しています。

これも、一種の「遊び」と言えますよね。多くの人にとって、必要なモノではないけれど、見る人に笑いや感動を与えてくれたり、知的好奇心を満たしてくれる。

あるいは、コロナショック以降、仕事でリモートワークが広がっただけでなく、

Ｚｏｏｍ飲み会、Ｚｏｏｍ合コンなど、不要不急の遊びもリモートで行われるようになりました。リモートワークならぬリモートプレイです（笑）。

コロナショックで、「密閉・密集・密接」の三密を避けるようになって、お金を払っても手に入らないコトが増えました。スポーツ観戦、ライブコンサートへの参加、観劇、人との密な関わりなど。これらは、どれも「遊び」に関するコト。でも、そうした状況でも、これまでにない形の遊びが生まれていますし、今後はもっと新たな遊びへのニーズが増えていくでしょう。

「遊びを創造すること」が、これからの未来では求められるのです。

そして、**遊びを生むために欠かせないのが、スキマ**です。

よくお笑い芸人さんが、ファミレスでふと耳にした会話を取り入れて、面白おかしく漫才にしていますよね。これこそが、まさにスキマの効果。

ファミレスの会話と、それを観察している自分との間に空間＝スキマがあるからこそ、俯瞰で眺められて、ネタにもできる。もし、自分自身がその会話に参加していたり、会話の内容に熱中してしまうと、スキマは生まれないし、客観的な視点も得られません。

笑いや感動をつくり出すのって、本当に難しいんですよね。心に余裕がないと、絶対にできないこと。

「遊び」や「楽しさ」が市場価値になっていく時代だからこそ、仕事でもスキマを意識することが、大切なんです。

共感を集めることが、成功への道

先ほど、これからの時代は遊びが求められる、とお話ししました。それに伴って変わっていくのが、**仕事における成功の仕方**です。
なぜなら、遊びは勝ち負けではないから。

「ん？　じゃんけんやスポーツ、対戦ゲーム……遊びでも勝ち負けはよくあるジャマイカっ！」

はい、確かにその通りです（笑）。ただ、ゲームの勝ち負けは、あくまで楽しむ要素。たとえばプロスポーツは、勝ったチーム、負けたチーム、お互いが協力するエンターテインメントとして成立します。対戦チームは、本当の意味では敵ではなく、一緒に盛り上げる味方です。限られたパイを誰かと奪い合ったり、他人を蹴落として自分だけが一人勝ちしよう、という考えは、徐々にすたれていくでしょう。

今までの社会や組織では、トップの権力を持っている人に見いだされ、抜擢してもらうのが、一般的な成功のルートでした。その場合、極端に言えば、一人の権力者にさえ認められれば、安定した未来が待っていました。

でもこれからは、同じ価値観を持つ人同士が集まり、共存共栄していくのが当たり前になる時代。誰かに強制された集まりではなく、感覚の合う人々が自発的にコミュニティをつくり、その中である種の経済圏のようなものを成立させていくと考えられます。

人と人とのつながりの変化を、図に表しました。これまでが「中央管理型」、そしてこれからが「ブロックチェーン型」です。

中央管理型の経済圏は、元締となる中心の人物や組織に決定権が「一極集中」しま

中央管理型とブロックチェーン型

中央管理型

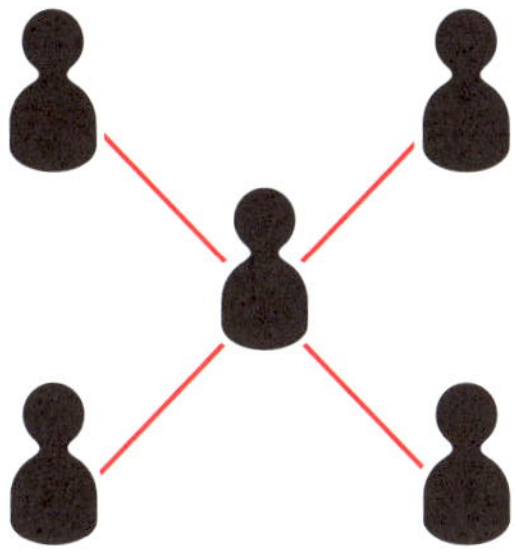

中央の人がすべてを決定!

ブロックチェーン型

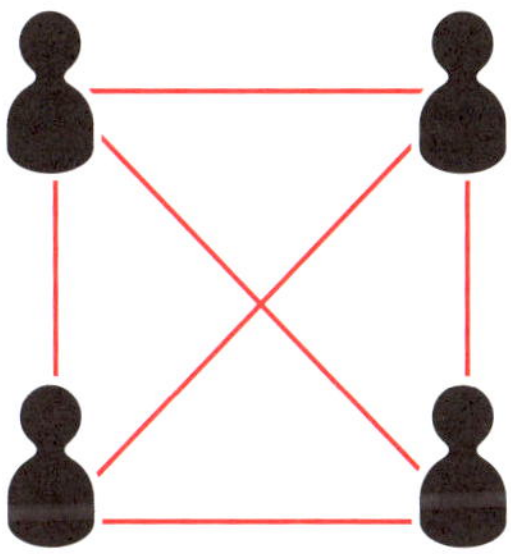

共通のルールのもと
各々で自主的に決定!

す。中心の人物・組織に「すべてをお任せすればいい」のは長所ですが、中心が機能しなくなれば、すべてが止まる短所もあります。巨大グローバル企業は「富を独占」し、巨大グローバル都市は「人の過密集中」により感染症対策でもろさを見せるなど、中央管理型は限界を迎えています。

一方、ブロックチェーン型の経済圏は、「みんなが中央」のコミュニティ。いわば全員が「元締」です。一人勝ちしよう、搾取しようとする存在は、自然とはじかれることに。同時に、有能な人や組織へのおんぶにだっこもなくなります。自分の荷物は自分で持つ。他人の富は奪わない。取りすぎ・もらいすぎが是正され、より実力と対価が見合ったものになるでしょう。

では、権力や勝ち負けといった旧世代のルートに代わる、新たな成功のルートは何か。それは、**「人から共感を得ること」**です。

権力を持たなくても、自分の意見を発信し、共感する人が集まってくれれば、自然とその人たちがもり立ててくれる。従来のように上から引き上げられるのではなく、下から上へ、お神輿のように担ぎ上げてもらうイメージです。

現代は、共感してくれる人が50人いれば、生活できる時代。50人は、セラピストのような客商売で個人が独立した場合に、生活費が得られる目安になる数字です。

必ずしもみんなに好かれる必要はなく、**50人にさえ愛されれば、他の人には嫌われたっていい**んです。そう思うと、できそうな気がしてきませんか？

共感者を集めることが、これからの成功の道。そのためにはどうすればいいか、次のページからさらに解説していきましょう。

夢見ることは、才能です

人は何に共感し、集まってくるのでしょうか。それは「夢」です。お金や権力にも人は集まりますが、これは利害を計算した上でのもの。得したい、損をしたくない。あなたが持っているモノを与えてほしい。

一方、夢に共感して集まる人は、逆にあなたに与えたい。夢見るあなたに、お金やモノ、権力を与えて、夢を実現してほしいのです。

周りに人が集まってくる人って、グチや不満よりも、夢を語る時間が圧倒的に長いんですよね。

夢というのは、具体的に言うと将来のビジョンや、中長期的な目標のこと。これを発信すると、「やってみたい」「それいいね」と、気に入った人が自然と集まってきて、味方になってくれる。そこでコミュニティが生まれ、お金や商品、仕組みができ、経済が回っていきます。共感してくれた人と共に歩むことで、新たな価値を創造できるのです。

大切なのは、**自分の望みを明確化し、素直に表現していく**こと。みんなに気に入られようとして、あいまいにしたり、目標のレベルを下げたりすると、かえって共感者は現れません。

ソフトバンクグループの孫正義会長兼社長は、2000年に中国のアリババグループ創業者ジャック・マー氏と初めて出会いましたが、「ミーティングをした約20社のスタートアップのうちの1社がジャックの会社だった。他の経営者は事業や資金調達の計画を説明したが、ジャックだけは夢を語り『世界を変えよう』と話した。この人に投資したいと思った」と、後に語っています。2019年12月、東京大学・安田講堂での孫氏とマー氏の対談でのことです。

一方、マー氏の方は「2カ月前に資金調達をしていたから、資金を頼むつもりはなかった。私は何を信じて、これから何が起きるかを話した。中国でインターネットをどう発展させていくかを説明したら、正義さんに『もっとお金を使うべきだよ』と言われ、すごく変わった人だと思った」と語っています。

孫氏はマー氏が「未来はどうあるべきか」「夢の実現がなぜ必要か」を語るのを聞いて、心からの情熱を感じ、お金を出すと決めたのでした。

スキマの法則の観点で言うと、マー氏の意識空間には、とてつもなく大きなスキマ、つまり「空きスペース」が、未来の時空間に広がっていました。孫氏はその巨大なスキマをマー氏から感じ取ったからこそ、その空きスペースに多くの資金を投じたと解釈できるでしょう。

もうひとつ、身内の話で恐縮ですが、僕の妻は2018年に東京から長崎県・壱岐島へ移住し、花や野菜を育てたり、本を書きながら暮らしています。

彼女の夢は、東京への一極集中を打破し、地方に移住して独立自営する人材を育成すること。最近では、「ゴミ処理施設を造りたい」「循環型トイレが欲しい」といった、地域の課題を解決する具体的な夢も増えています。そうした夢を発信することで人が集まり、東京にいた頃よりも収入が増え、事業は拡大しました（あ、僕は東京にいます・笑）。

生きていれば、自分自身も変わっていくし、時とともに世の中も変化します。でも、**「将来の夢」という軸があれば、状況が変わってもぶれることはありません。**人は、一貫した軸を持って、変化に対応できる人に惹かれるもの。夢を見ることは、周囲への影響力を高める上でも、力を発揮する才能と言えます。

人間が抱く夢こそ、お金や知識、人脈を超える、無限の資産。人間の持つ、最大の資産と言えるのではないでしょうか。

キーワードは「感」と「気」

「今後、人間の仕事の約半分が、ＡＩ（人工知能）に奪われる」

そんな話を聞いたことはありませんか？　この衝撃的な説は、イギリス・オックスフォード大学でＡＩの研究を行っているマイケル・Ａ・オズボーン准教授（当時）と、カール・Ｂ・フライ研究員が２０１３年に発表した「雇用の未来―コンピューター化によって仕事は失われるのか」という論文が発端となっています。

彼らの論文では、レジ係や銀行の窓口、データ入力、電話オペレーター……といった仕事が、10～20年後にはコンピューターで自動化され、なくなる可能性が高いと示されています。

実は18世紀の産業革命の頃にも、同じようなことが言われていました。機械の導入によって、人間の働く場がなくなるんじゃないか……という説ですね。

でも実際は、そうではありませんでした。機械化が進むにつれて、人間には人間にしかできない仕事が求められるようになったのです。

今後も仕事においては「人間らしさ」が、さらに追求されていくでしょう。

では、人間らしさとは何か？

それを考える上でキーワードとなるのが、**「感」と「気」**です。

これから求められる職業は、人をケアしたり、気遣ったり、コミュニケーションを取ったり……といった、対人関係のスキルやホスピタリティが必須の仕事。具体的には、レクリエーションやセラピー、教育、サービス、心理などに関わる仕事ですね。前述した「遊び」に関わる仕事も当てはまります。

いずれも正解がひとつではなくマニュアル化できないため、**状況や相手に合**

わせて、柔軟に対応していく力が求められます。教授に昇進したオズボーン氏も、「ＡＩ時代に生き残れるのは変化を楽しめる人」と主張しています。そのためには、変化を楽しめるだけの、素直な「感」や「気」に満ちたスキマが必要です。

相手の**「感情」**を理解し、**「気遣う」**。**「気持ちいい」**と思える**「感覚」**を大切にする……。まさに、ブルース・リーの「考えるな、感じろ！（Don't think, feel!）」ですね。反対に、この「感」と「気」が不要な仕事は、なくなっていくだろう、と予想できます。

公式からはみ出た人間関係をつくる

先ほど、これからの時代は「自分の夢を表現し、共感を得ること」が大事だとお話ししました。

それを読んだ方の中には、「自分は会社勤めで独立する気はないし、そのやり方は当てはまらない」と考える人もいるかもしれません。

でも実は、**組織の中にいても、成功へのルートはそれほど変わらない**んです。

今、日本の多くの企業がビジョンを失っており、組織としての方向性を明確に示せていません。

日本財団が２０１９年11月30日に発表した、９カ国の17〜19歳の意識調査で、「自分の国は将来どうなるか？」という質問がありました。選択肢は「良くなる」「悪くなる」「変わらない」「わからない」です。「良くなる」の回答率が1位の中国は96・2％。一方、日本は９・６％と、９カ国中でダントツ最下位でした。下から2番目、8位のドイツですら21・１％と倍以上です。

もし企業に、そして日本の国家にビジョンがあれば、「明るい未来」を描けていれば、ここまでひどい結果にはならなかったでしょう。日本の指導者層に、もはや若者の1割も期待していない、未来を託していないのです。

だからこそ、「自分はこの組織で何を成し遂げたいのか」「会社で何を実現したいのか」と、個人としてのビジョンを示すことで、支持を集められるのです。

といっても、今所属している組織では、ビジョンの示しようがない……という人もいるでしょう。その場合は、「仕事以外の時間を活用する」という手があります。職場と関係ある場所で、**「インフォーマルなつながり」を広げ、その中で**

自分の夢や本音を表現していくのです。

この方法を「オフサイトミーティング」と言います。「職場の人と、気楽に真面目な話をする」のがコンセプトで、「マニフェスト」の提唱で知られる北川正恭氏が、三重県知事時代に自治体の組織改革に活用しました。同じ部署の人だけでなく、他の部署の人とも積極的に交流するのが特徴です。

僕自身も会社員時代に、今の東京・中野区長である酒井直人さん（当時は中野区の職員で広報課長）が主宰する勉強会「NAS（Nakano After Six）」に参加していました。会社で地域活性化を担当することになり、地域活性の事例を収集する中で、酒井さんらの活動が目に留まり、「ちょっと取材に行ってみよう」と参加しました。なんと部外者でも参加できたのです。

NASでは毎月1回、ゲスト講師を招いて、地方自治をテーマにした話を聞き、その後グループに分かれてディスカッションし、発表します。それに参加したことで、地域活性化に関心のある人や有識者との人脈が広がっていきました。

このオフサイトミーティングには、日本の組織で成功するための「秘訣」が詰まっています。組織的な制度としてオフサイトミーティングをやると、もはやそれは「オフ」ではないので（笑）、うまくいきづらいのですが、秘訣を理解して酒井さんのように自発的に行動すると効果的です。

組織にもスキマがある

では、組織でうまくいく秘訣とは何か？　ヒントは、中央管理型の経済圏における「元締」です。「元締」は人と人とのつなぎ役にもなるのですが、もともと日本文化ではこの「元締」が至るところにいます。制度として〝見える化〟されている公式の元締ではなく、非公式の元締です。**日本的組織の強みは、この非公式の元締が、部署の垣根を越えて活躍することです。**日本的な組織で成功するには、まずこの非公式の元締になってしまうのが手です。

組織には2つのパターンがあります。日本的組織をO型組織、西洋的な組織をM型組織と言います。この分類は、国際経営学者の林吉郎氏の著書『異文化インターフェイス経営―国際化と日本的経営』（日本経済新聞出版）で提唱されているものです。左図では上が日本的な組織化パターン、下がアメリカやEUなど西洋的な組織化パターンです。

M型組織は、誰が何をやるのか、個人の責任や任務が明確化され、わかりやすいのが特徴です。責任や任務が明確だと、成果も明確です。あいまいなことは極力なくす、いや、極力ではなく、完全になくすことを目指すのがM型組織です。

一方、O型組織は誰が何をやるのか、「あいまいな部分」を残します。図の円の周りの部分です。この「あいまいな部分」の任務は、その場、そのときで最適な人が行う。状況に応じて、柔軟に対応するということです。**このあいまいな部分が、組織のスキマです。**組織内に意図的に空きスペースをつくることで、状況に応じて柔軟に対応できるのが、O型組織のメリットです。

ただ、このメリットは、お互いの状況を理解し合っているからこそ、実現可能です。このお互いの状況理解に効果的なのが、組織のスキマを満たす「インフォーマルなつ

組織化の２つのパターン

日本的：O型（Organic）組織

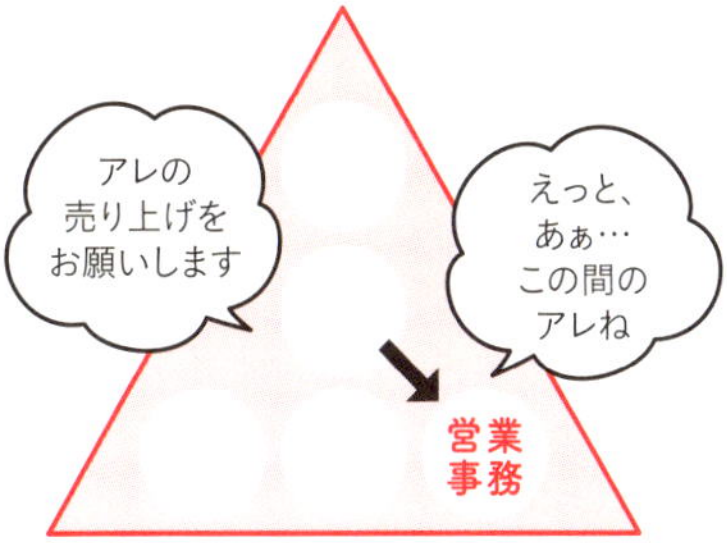

- 三角形の内部が任務全体
- 円の中は各個人の職務
- その他は相談し合って行う共有領域

問題発生 何が悪かったかみんなで考えよう

西洋的：M型（Mechanistic）組織

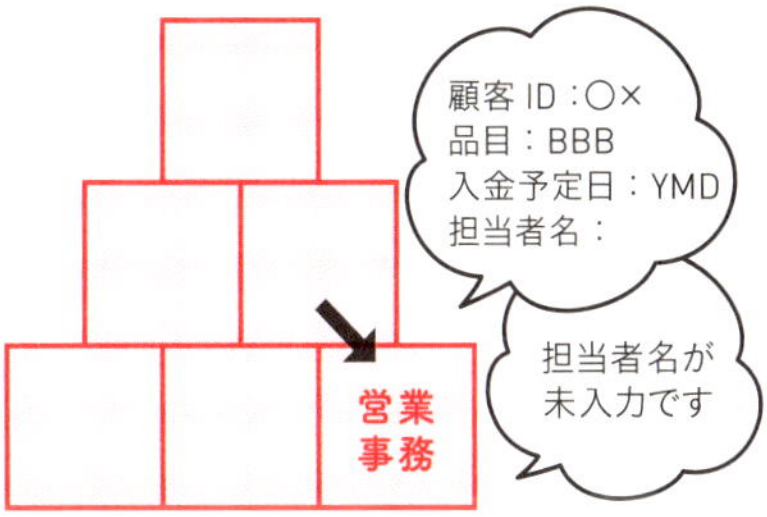

- 積み木が任務全体
- 四角は各個人の職務
- 相互関係は明確、任務すべてを分配

問題発生 誰の責任か特定しよう

ながり」です。O型組織は、インフォーマルなつながりがないと、そもそも成り立たない組織化パターンなのです。

インフォーマルなつながりとは、会社・組織によってはサークル活動が挙げられます。ボードゲームでも茶道でも武道でも麻雀でも何でもいいのですが、活動に参加して気軽に会話できる関係になった人に、仕事で言いにくいこと、頼みにくいことを休憩時にお願いする……自然なことですよね。

「部署の垣根を越えて人が集まる場」に参加し、人間関係を構築していれば、O型組織のスキマをどんどん活用できるようになります。前出の酒井区長のように、非公式の元締になり、いずれは公式の元締になっていく人もいるでしょう。

先ほど、日本の多くの企業がビジョンを失い、方向性を明確に示せていないと申し上げました。O型組織を理解すると、もともと日本企業は、明確さよりもあいまいさを重視してきたことが理解できるでしょう。日本企業が「世界一」とされたバブル経済の頃もそうで、有名なアメリカ人経営学者に「日本企業には戦略がない」と指摘されたものです。

しかし、このアメリカ人経営学者には、非公式であいまいな組織のスキマが見えなかっただけでしょう。非公式ですから、外部からは観察不可能。そして、観察不可能なまま、いつの間にか日本の組織の多くが中途半端にM型化し、スキマが消えていったように思います。政界から大物の黒幕が消えたように、多くの企業でもインフォーマルなつながりが減った気がします。観察不可能ですから、ただの印象ですが(笑)。

組織のスキマをつくるインフォーマルな活動は、仕事ではないけれど、趣味とも違う、真面目な活動。こうした**「労働と遊びの中間」を増やす**のも、組織で成功するためには有効です。

もちろん、サークル活動のような既存のコミュニティに参加するのではなく、自分自身で立ち上げて主宰するのもアリでしょう。そのために必要なのは、やはり同じように「夢見る才能」なのです。

人の心を動かすのは「What」よりも「Why」

優秀なセールスマンほど、商品の説明をしません。それはなぜだかわかりますか？

イギリス出身のアメリカ人コンサルタント、サイモン・シネック氏が提唱した「ゴールデンサークル理論」を引用して、解説していきましょう。

「ゴールデンサークル理論」とは、「成功する人や組織は、どうやって人の心を動かしているか」を表した方法のこと。

人に何かを伝えるとき、セールスやプレゼンテーションのうまい人は、**「Why（なぜ？）」→「How（どのように？）」→「What（何を？）」**

ゴールデンサークル理論

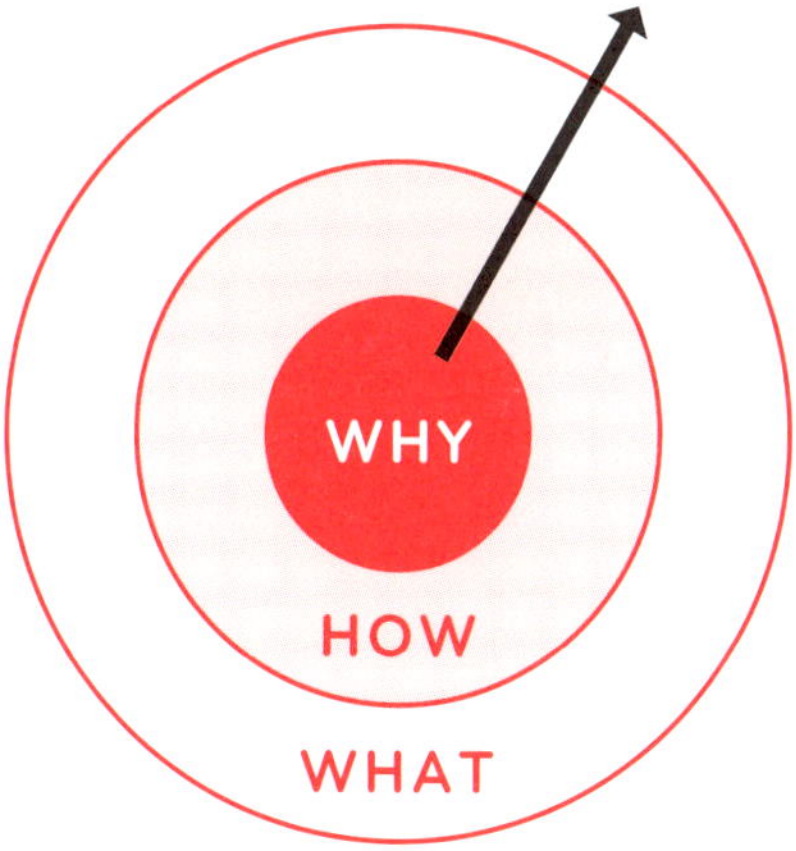

WHY

なぜそれをやるのか?

HOW

理念実現のためにどう行動するか?

WHAT

最終的に何をつくるか? / 何をするか?

の順番で説明します。商品セールスで言うなら、「なぜ、私たちがこの商品を作ったのか」「どんなビジョンや使命感を持って取り組んでいるのか」「この商品を広めることで、世の中をどう変えたいか」を、まず伝えるということですね。

けれども、ほとんどの人は、その反対の「Ｗｈａｔ」、つまり商品の説明をすることから始めてしまう。これでは、聞いている人は面白くないし、セールスにも結びつきません。**人は「何を？」より「なぜ？」に動かされるのです。**

この現象は、実は「スキマ」と大いに関係があるんです。

「これは、こういう特徴を持った商品で……」と熱心に説明しているときは、**一生懸命になるあまり、スキマがなくなっている状態。**話したいことでいっぱいいっぱいで、相手の聞きたいことが入り込む余地はありません。「買って！」と主張するばかりで、聞き手の気持ちを受け入れる空きスペースがないのです。

反対に、夢やビジョン、使命について話しているときは、スキマが空いている状態。つまり、話す人の中に、「聞く人のためのスペース」があるということです。そうすると相手は、「私も、その夢を実現したい」、「これは、私のための商品かもしれない」と共感してくれる。**スキマをつくることで、そこに相手が「参加したい！」と入ってきて、共感してくれるんですね。**

一度、共感を得てしまえば、あとは商品が何であろうが、「あなたが言うなら、それでいい」「この人と一緒に仕事ができればいい」と、相手は思ってくれる。

この理論は、セールスだけでなく、プレゼンテーションが上手な人、リーダーシップがある人、マネジメントが得意な人……。いわゆる「仕事ができる人」の多くに共通します。**人の心を動かそうと思うときは、まず「Why＝夢やビジョン」から伝える。**それを意識することで、相手の反応は変わるはずですよ。

スキマ力のある人は「言い訳をしない」

大事なクライアントとの信頼関係を損ねてしまったり、同僚や部下を振り回して迷惑をかけたり……。そんなNGな働き方も、スキマ力と関係があります。

僕の周りの**仕事ができる人を見ていると、共通して「言い訳をしない」**んですね。何かトラブルや行き違いが発生したときに、会話やメールで「自分は悪くありません」「自分には責任がないんです」と、詳しく説明せずにはいられない人っていますよね。それがないんです。

デキる人はぐだぐだと言い訳することがないので、言葉が簡潔でムダがない。「自分はちゃんとやっていますー!」とアピールすることがないんです。「自分はちゃんとやっている」と自分自身が認めているから、他人に認めてもらうことに執着しない。執着しないほどスキマが空いてきます。

さらに言うと、**「客観的な事実」と「主観的な意見」を明確に分けられる**のもスキマ力のある人の特徴です。事実関係と主観をごっちゃにして話されると、聞く人は混乱するか、誤解を生みますよね。

この、「事実と意見を明確に分けて」話せる人は、「スキマが空いている証し」なんです。**スキマが空いている＝客観的に物事を見られている**からこそ、必要な事実だけを抽出し、簡潔に提示できる。物事と自分との間にスキマをつくることで、物事との間に距離が生まれる。距離があるからこそ、「これは実際に起こった事柄」「これは私の意見」「これは誰かの意見」と区別して認識できます。

反対に、**自分の意見ばかりの人は、スキマがなく、妄想でつくった物語の中にどっぷり入り込んでしまった状態。**だから事実を正確に認識することができないんですね。私やあなたの感想は、素直な気持ちなので事実です。実際にそう感じたわけですから。しかし、そこから派生して思ったこと、想像したことは、ただの妄想です。妄想をフィクションとして楽しむなら構わないのですが、妄想を現実だと主張するには裏付けが必要になります。

夢を見るのは大事ですが、妄想の物語にハマると、実現する気のない過大な夢を人にアピールします。大きな目標を口に出し、それで賞賛を得て満足する。「おいっ！実行せんのかい！」とツッコミたくなります（笑）。

スキマが小さくなって妄想の物語に生きると、「承認そのもの」が目的化します。人に認められた時点で満足してしまうため、成果に結びつかないのです。

成果を出すには、長く努力する必要がありますが、スキマがないと、そのエネルギーも不足します。**スキマは「気」というエネルギーの貯蔵庫です。**

では、どうすればスキマを広げ、エネルギーを増やせるのでしょうか？

先ほども申し上げましたが、「自分はちゃんとやっている」と自分で自分を認めること。小さな努力、小さな結果を、きちんと自分で「ここまでできた。よくやった」と認める。「大きな結果じゃないと認めない！」と自分で自分のハードルを上げる必要はありません。そうやって自分の成果を自分で認められれば、おのずと自信が生まれ、スキマが広がり、エネルギッシュになれるでしょう。

〝いつでも相談しやすい人〟を目指す

「うまくいっている組織」と「うまくいかない組織」を比較すると、日頃のコミュニケーションの仕方に差があることが多いように思えます。

うまくいっている組織に特徴的なのが、**「非公式なコミュニケーション」の時間が頻繁にある**こと。

たとえば営業マンが営業先から戻ってきたときに、上司が「どうだった？」と、**立ち話感覚で気軽に声をかけられる。**日常的にこれができる組織は、人間関係がスムーズなため、現状分析や課題をよく共有できています。もちろん仕事の成果も出やすい。特に、あいまいな部分の多いO型組織は非公式なコミュニケーションの充実が大事です。
対して、うまくいっていない組織は、非公式なコミュニケーションの時間が少なく、「公式な会議」が中心です。何か報告・相談すべきことがあっても、会議まで待つことになるから、物事の進むスピードが遅れるし、共有できる現状分析や課題も少なくなります。

友人が以前、ある出版社と仕事をした際、担当の編集者とチャットでやり取りしている間に本の企画が通ったことがありました。チャットで頻繁にやり取りしている中、ほんの1分ほど空白の時間があると思ったら、「企画が通りました」と。その編集者は空白の1分の間に上司へ企画を説明しに行き、承認をもらってきたんです。これが、「来月の企画会議のときに提出して……」という形だったら、スピーディに本は作れなかったと思います。上司と部下の間で、**すぐに声をかけられる風通しの良さも、組織には重要**なんですね。

また、自分自身が「声をかけられやすい人」になるためには、**「追われている**

感」を出さないことも、大切です。

職場であれば、みんなやるべき仕事を抱えていて、忙しいのは当たり前のこと。でも、仕事に追われている空気が表に出てしまっていると、周りは「忙しそうだから、何か頼んだり、相談するのはやめておこうかな」と遠慮してしまう。こうなってくると注意が必要です。

ちょっとした相談から、いいアイデアが生まれたり、物事が好転することは多いもの。仕事相手や同僚、部下から頼られる人になるには、「忙しくても、忙しさを感じさせない人」を目指すといいでしょう。

危険を察知する力をつけるには、〝嗅覚〟を鍛えること

大きな夢や目標を叶える前に、まずは目の前の仕事をスムーズに進めるコツを知りたい……という人も多いかもしれませんね。日々の仕事をこなす上での、スキマのつくり方を考えてみましょう。

何らかのトラブルや問題が起こって、なかなか仕事がうまくいかないときに有効なのが、**「当初の目的や前提から見直す」**という方法です。いわゆる〝そもそも論〟ですね。

現状からいったん離れ、スタート地点まで遡ってみる作業は、目の前の問題を「ちょっと引いた目で見る」こと。つまり、目の前の仕事と、自分との間にスキマをつくることです。

この「当初の目的や前提から見直す」方法を、ハーバードビジネススクール名誉教授で組織研究の権威クリス・アージリス氏は、「ダブル・ループ学習」と名付けました。

よくある問題解決・改善の思考は、「シングル・ループ学習」です。たとえば、営業成績が目標に達しない、さあどうしよう？　もっと訪問件数を増やそうか、提案する商品を替えようか、営業トークをより工夫しようか、上司の指導法を変えようか……など、望む結果を出すために、より効果的な行動に改善しようとする思考です。ただ、望む結果そのものは変えず、今の枠組みはそのまま維持します。

しかし、営業成績が目標に達しない場合に、「ダブル・ループ学習」で考えるとどうなるでしょうか。営業成績を上げるのは、そもそも何のためか？　会社の視点に立てば、会社全体の利益を上げるためであり、その手段として、その人物を活かす。それならば、別のより適性に合う部署に異動させるのも一案です。また、その人物の視点に立てば、生活費を得るため、自分自身を活かすための手段として今の会社で営業をしている。だったら、異動願いを出す、転職する、自分で起業する、Uターンする、

シングル・ループ学習とダブル・ループ学習

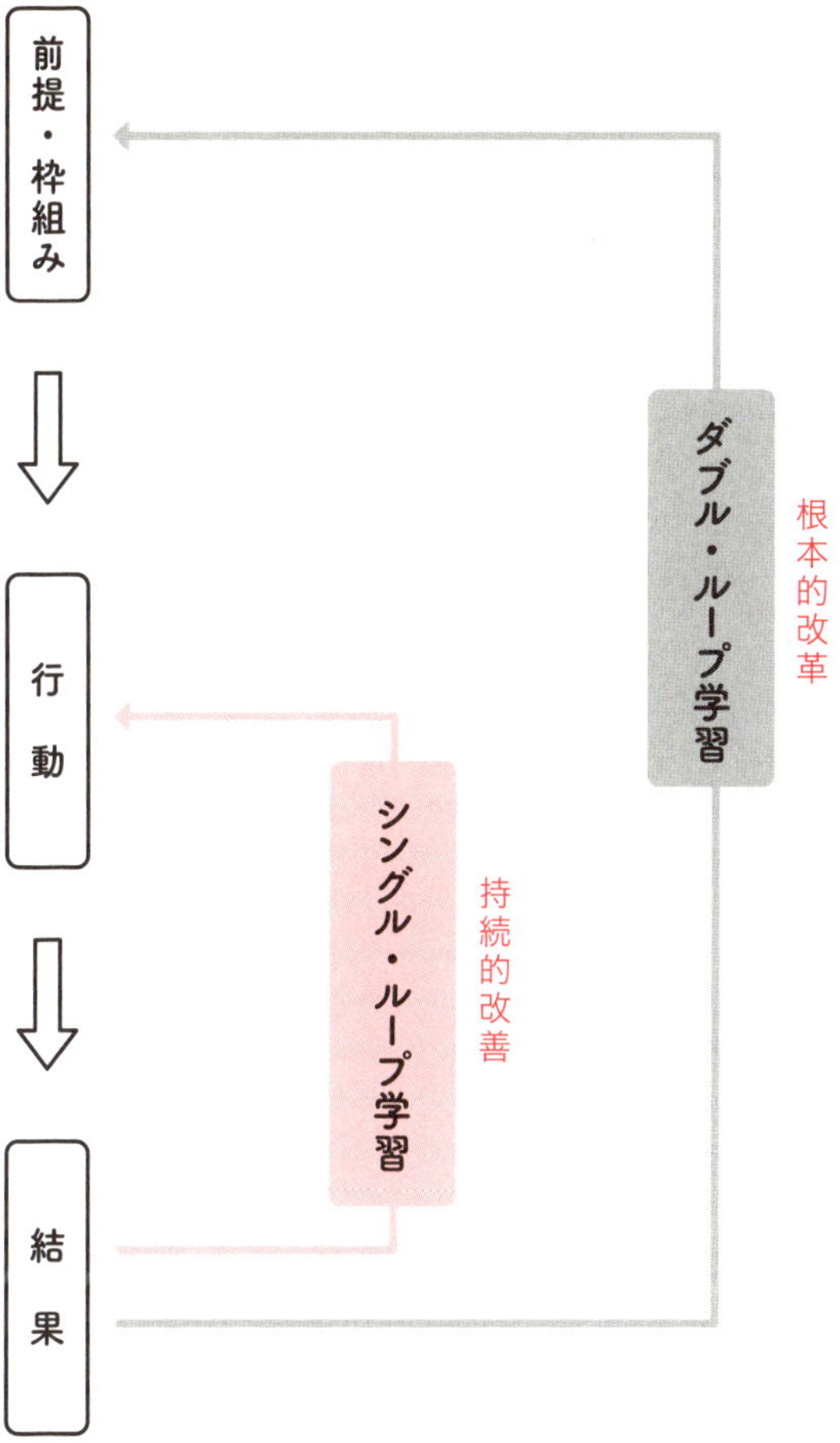

大学や専門学校で学び直す、結婚するなど、さまざまな選択肢があるでしょう。

「何のためにやっているのか?」「これをやったらどうなるのか?」

そもそもの前提を心に問いかけ、根本から見直すことで、優先順位が変わったり、まったく別のアプローチを思いついたりと、改革・変革レベルの大胆な解決策が見えてくるはずです。

ただし、ダブル・ループ思考でむやみに人に問いかけるのは、慎重になった方がいいでしょう。そもそもの前提を見直すことは、かなり心理的な負担がかかります。その人の存在基盤・存在理由まで揺るがす非常に強力な思考法だからこそ、心理的な抵抗も大きいし、相手を追い詰めかねません。

組織の中なら、「自分には前提を見直す権限がないので、どうしようもない」というケースもあります。そうした人に知っておいてほしいのが、たとえ**組織に属していても避けられるリスクは意外とある**こと。上司や取引先から持ちかけられた話でも、スキマをつくって冷静に見てみると、選択の余地があったりするんですよね。

このとき重要なのは、「これは乗っかってもいい話なのか？」を正確に嗅ぎ分ける力。「嗅ぎ分ける」意識をするだけでも全然違います。立場の強い人から言われると、たとえ意に沿わなくとも「あきらめて盲目的に従う」選択をしてしまう人が、少なからずいます。これは「学習された無力感」と言って、自分の努力が何の良い結果ももたらさないと認識している状態。過去に繰り返し否定された経験があると、この状態に陥りがちです。

しかし、同じ従うにしても、「積極的に」従うのか、「消極的に」従うのか、陰で裏切るのか（笑）、いろんな選択肢があるわけです。「嗅ぎ分ける」と意識することで、自主的に選択する意志が湧き上がります。盲目的に従うよりも、意識の空間が広がっていきます。すなわち、スキマが広がるのです。**自主的に選択する状況が拡大するほど、スキマも広がります。**

この「嗅ぎ分ける力」を鍛えるためにおすすめしたいのが、比喩ではなく、文字通り**「嗅覚を鍛える」**ことです。アロマテラピーでもお香でも、香りにまつわるものなら何でも構いません。さまざまな種類の香りを嗅ぎながら、「自分はこういうニオイに惹かれる」「今の気分に合うのはこの香りかな」などと、自分の感覚を確かめてみてください。好みや感覚は常に変容していくので、日常的に意識することが大切です。

それを続けることで嗅覚が研ぎ澄まされ、**「この人には近づかない方がいいな」「この話は危険な感じがする」と、不穏なものを感覚的に察知できる**ようになる。つまりは、判断力が上がるんですね。もちろん、逆に「この人には近づいた方がいいな」「この話は良い感じがする」と、素敵なものも感覚的に察知できるでしょう。アンテナを敏感にするためにも、嗅覚に刺激を与えることを意識しながら過ごしてみてください。

ネガティブな出来事には「反応しない」が正解

長い人生では時折、ネガティブな出来事も起こります。仕事上でも、意に沿わない異動や仕事を強いられたり、上司とぶつかったり、取引先とトラブルが起きたり……と、避けようがない問題と直面することは多々あるでしょう。

そんなとき、どうしたらいいか。

答えは、**「何もしない」**です。

ネガティブなことが起きると、人は「なぜこうなったか？」と、原因や意味を見いだそうとします。不安なあまり、急いで結論や着地点を求めてしまうんですね。

そうではなく、問題が起きたら起きたで、「ああ、起こったんだな」と、いつもと同じ平常心を保つ。**特別な反応はしない。**この力を、**「ネガティブ・ケイパビリティ」**と言います。直訳すると、「負への対応能力」ですね。

このネガティブ・ケイパビリティを身につけることで、どんなメリットがあるのか。

ネガティブな出来事に見舞われたとき、心はマイナスな思考や感情がぐるぐると渦巻いて、パンパンに張り詰めた状態になってしまいます。スキマは奪われ、余裕や冷静さを失った状態です。心拍数が上がり、筋肉が膨張し、「闘争・逃走反応」が活性化して、すぐ行動したくなりますが、適切な対処法を考えるには最悪の精神状態。このまま行動したら、状況はより悪化します（汗）。

でも、その充満したネガティブな感情を、黙ってじっと受け止めていると、そのうち**マイナスな思考で充満していた心の器に、スキマが少しずつできてくる**んです。すると、気持ちがラクになっていく。落ちついて次の対策を練る余裕も生まれてきます。

特別なことはせず、ただじーっとしている。でも、これってけっこう難しいんですよね。先ほども申し上げましたが、「行動せよ！」と自分の体がものすごくプレッシャーをかけてきます。だからネガティブな出来事には思考や感情が動いてしまうし、それが他人事だとしても、つい首を突っ込みたくなってしまう。

その反応したくなる気持ちを抑え、「ネガティブ・ケイパビリティ」を鍛えるには、自然の中で**「静かな時間」**や**「何もしない時間」**を過ごす練習を行うのが効果的です。緊張しやすい体に、リラックスをしみ込ませるのです。

たとえば、森の中や人けのない公園を一人で散歩する。当たり前ですが、森の木はそこにあるだけで、特にこちらに反応を返してくれるわけではありません。どっしりと構えている木に囲まれるうち、次第に感覚が研ぎ澄まされてきて、小さな風の音、虫の声が聞こえてくる。すると次第に、自分も木のように「ただあるだけ」の状態になりやすいんです。

「森に行く時間なんてない！」という人は、ＹｏｕＴｕｂｅなどで川のせせらぎや波の音、小鳥の鳴き声などの自然音を聞いてもいいでしょう。ただし、やはり森に行って全身で体感した方が、効果は大きいです。

何が起きても、余計なあがきはせず、流れに委ねる。もし自分の状況がガラリと変わるにしても、それは自然な流れで起きること。「そういうこともある」とじっと構えていれば、人生がどんな方向に進んだとしても、最善を尽くせるでしょう。

いいアイデアはスキマに降りてくる

有能なビジネスマンやデザイナー、一流の経営者やアーティストを見ていると、「どうしたらあんなに凄いアイデアが浮かぶんだろう」「なぜ次々と新しいプランを思いつくんだろう」と驚嘆させられますよね。

発想力を高め、成功につながるアイデアを生むには、どうすればいいか。

答えは、**「ぼんやりする時間」をつくる**ことです。

頭をフル回転している状態は、つまり、スキマがなくなっている状態。常に張り詰めた緊張感の中にいては、良いアイデアを生むための「スキマ」はできません。

緊張感は行動する上では大事です。プレッシャーがかかると人は行動します。しかし、直感はリラックスから生まれる。「ふと、ひらめく」と言いますが、お風呂、トイレ、屋内から外に出たときなど、緊張がゆるんだとき、環境が切り替わったときに、アイデアは湧いてきます。

第一線で活躍するスポーツ選手や経営者にも、**あえて無心になる時間をつくっている人は大勢います。そうすることで、頭の中が自然と整理され、考えがまとまったり、いいアイデアが生まれたりするのです。**

ワーカホリックで、ぼーっとするのが苦手な人は、瞑想を取り入れたり、好きな香りのアロマをたいたり、公園を散歩したりして、意図的にリラックスした状態をつくり出すのもいいでしょう。後ほど詳しく説明しますが、僕の場合は「神社に参拝する」のも、リラックスしてスキマを生み出す方法のひとつです。

会社でぼんやりするのは無理！という人は、もしかすると「人前で〝頑張ってますアピール〟をしなきゃいけない」症候群に陥っているのかもしれません。こうなると危険信号です。この場合、「仕事で結果を出す」という本来の目的がずれて、「自分を良く見せること」に意識が向いてしまっていますから。
他人の目を気にせず、まずは頭を空っぽにしてみる。そうしてできた**スキマに、想像を超えるようないいアイデアは降りてくる**ものです。

ただ、ゆるみっぱなしでは出てこない（笑）。たるんでいると出てきません。しかし、緊張した状態からゆるむと、「はーっ」「ほーっ」と、まるで体から息が出るような感覚になるのがわかるでしょうか？　緊張でぎゅーっと身を縮め、そしてほーっと力を抜く。体の中から、緊張でたまった「気」のパワーが放出され、一時的に意識空間が拡大します。つまりスキマの拡大です。緊張やプレッシャーは、スキマを拡大するためのパワーになります。

「頑張りどころ」と「抜きどころ」でメリハリをつけることが、「スキマ」を生むには重要。プレッシャーとリラックスのメリハリで、アイデアの発想と、それを具体化する行動のサイクルが回っていくでしょう。

失敗は改善のヒントにすぎない

「失敗」という言葉に、ネガティブなイメージを持っている人は多いのではないでしょうか。

でも**成功している人にとって、失敗はただの「情報」**です。

この方法ではうまくいかなかった。じゃあ次はどうしようか?と再考し、改善するためのヒントにすぎないのです。

反対に、成功できない人は、失敗をうまく活かすことができません。失敗したときに、「ああ、ダメだった」「私はどうせできないんだ」と、自己否定に走ってしまう。

さらには、「こうやって否定するのはよくない。ポジティブに考えなければ」と葛藤し、ぐるぐると考え込んでしまいます。肯定と否定の間を揺れ動くばかりで、**「どうすればよかったのか」「これからどうしたらいいのか」という、建設的な考えに至ることができない**んですね。

成功する人は共通して、こうした自己否定の堂々巡りをしません。**失敗は、次の成功のための通過点**。くよくよ悩んでも何にもならない、と現実的に考えます。だから、失敗しても必要以上に落ち込みません。彼らは物事との間にスキマを持ち、失敗を一歩引いた目で見ることができるため、自己否定の堂々巡りにハマらないんですね。

では、自己否定の堂々巡りから抜け出すには、どうすればいいいか。

自己否定の原因は、実はシンプルかつ根深いもの。他人からの肯定／否定がすべてだとそうなります。

たとえばトラブルが起こったときに、成功する人は現実的な解決を目指します。だから解決する。

一方、自己否定にハマる人は、誰かに怒られたか、ほめられたか、その反応しか見ていません。たとえトラブルが解決しなくとも、誰かに怒られなければ、ほめられればそれでいい。逆に、トラブルが解決しても、怒られたら、ほめられなかったら意味がない。

これでは、自分自身の意識空間＝スキマは、生まれません。他人からの肯定／否定がすべて。他人のスキマの中でだけ生きている状態です。


自己否定にハマる人は、まずは自分のスキマを持つこと。自分で自分にOKを出せるようになること。これで自己否定から抜け出す道ができます。


そのためには、「小さな成功体験」を積み重ねることが大切です。

僕の周りでの事例を2つご紹介します。「100日ブログの会」、そして「開運Boot Camp」です。どちらも友人のブロガーさんが主宰しており、「100日ブログの会」は無料、「開運Ｂｏｏｔ Ｃａｍｐ」は有料です。

「１００日ブログの会」は単純明快。１００日間ブログを書き続ける会です（笑）。1日1記事以上、１００日連続でブログを書くことにチャレンジしたい人が、ＳＮＳでグループをつくり、自身のブログ記事を互いに紹介します。もちろん、ひとりでやってもいいのですが、同じ目標の人と状況を共有することで、モチベーションが向上します。

「開運Ｂｏｏｔ Ｃａｍｐ」も、「何でもいいので1カ月間、何かにチャレンジ」します。ポイントは自分で決めること。くだらないこと、どうでもいいことでもＯＫです。他人の目線を意識しないで、本当に自分がやりたいこと、続けたいことをやります。

もちろん続けられる人もいれば、続けられない人もいる。特に１００日ブログはなかなかハードルが高いです。しかし、自分で選択し、そして達成しようとすることで、「すべては自分次第」の感覚がついてきます。

他人のスキマの中でだけ生きているときは、「すべては他人次第」。これではスキマが生まれる余地がありません。

しかし、**自分で始めた**（ここ重要！）小さな成功体験を積み重ねることで、自分のスキマが大きくなり、自分の世界が創造されていきます。だんだん些細な失敗が気にならなくなり、次に活かしてレベルアップすることができる。筋トレを続けていくうちに、持ち上げられるバーベルが重くなっていくのと同じですね。

どうぞ自分の世界を創造してください。すべては自分次第です。

第4章

お金編

増減に一喜一憂しない人ほど
お金といい関係が築ける

最もスキマがつくりにくいのが“お金”

お金とスキマの関係。これは、実はすごく難しいテーマです。

なぜなら、**お金というのは、最もスキマがつくりにくい**対象だから。

30万円が入ったお財布を落として、まったくショックを受けない人っていると思いますか？　まず、いませんよね。やってしまった……としばらく落ち込むのが、一般的な反応だと思います。

ちょっと怪しい話ですけど、ある人の「気の状態」をチェックしていたら、頭からのど、胸、おなかまで、全部状態が悪い。元気がなく、「フリーズ」＝止まっている状態でした。その方は、表面上は普通に仕事をしていたので、「あれ、なんか全部止まっている、閉じているんだけど……。何かあった？」と尋ねたら、「30万円入った財布をなくしました。カードの類いも入っていて、落ち込んでます」と。

ショックなことがあると、体は動いていても気は止まるのか！と発見でしたが、考えてみたら誰でもショックです。この瞬間はスキマがほぼゼロになって、「どうしよう！　どうしよう！」でいっぱいになるわけですね。別の知人は、5万円なくしたことを、3年たっても引きずっていました（笑）。

それだけ、お金というものは人の感情を揺さぶる存在。冷静な対応ができず、スキマをつくりにくいのです。

だからといって、スキマをつくるのは絶対に不可能というわけではありません。

スキマの法則では「空いたスペースに入ってくる」のが基本。空いたスペース、すなわちスキマにお金の「流れ」が入ってきます。「流れ」なので、流れをせき止めなければ、お金の流れは滞りなくスムーズになります。貯金する人は、その流れから定期的に一定額を引いておけばいいでしょう。

ただし、お金の場合、さらにポイントが2つあります。ひとつは、

「お金のこと、好きですか？」

です。恋愛対象との関係に似ています。恋愛だと、仮に相手の方が自分のことを好きでも、自分が拒絶していれば、離れていきますよね。お金も同じで、拒絶していれば離れていきます。お金には人間のような意志はありませんが、お金にはニオイのようなものがあって、そのニオイを嗅ぐと、お金を避けたり、拒絶したりする人も少なからずいるわけです。

だからまず「好きになること」が基本です。**手触りを楽しんだり、ニオイを嗅いだりと濃厚接触しているうちに、お金のことが本当に好きになります。**キャッシュレス社会が進むと、お金との濃厚接触は難しくなりますが！（笑）

お金はただの紙や金属ですが（電子マネーだとただのデータ）、そこにいろんな感情がくっつきすぎると、空きスペースがなくなります。これも恋愛と同じでしょう。恋愛対象である男性なり女性なりの全体に、余計な思考をつけすぎていると（オトコって……オンナって……ってヤツです！）、まるで目の前の人が見えなくなりますよね。オトコ／オンナという概念に対しては、クールになること。クールになるとは、「余計な意味づけをしない」ということ。それと同じく、お金そのものについても、クールになることです。

「お金とは、社会において一定の信用がある紙、ないし金属。以上」です。

目の前の相手を好きになること。オトコ／オンナ全体の概念に対してはクールになり、余計な意味づけを捨てること。この2点です。

おっと、恋愛の話じゃない、お金の話だ！　お金に置き換えると（笑）、**目の前のお金を好きになること。お金全体の概念に対してはクールになり、余計な意味づけを捨てること。**この2点です。

自身のスキマ力が相当に試されるテーマではありますが、だからこそ面白い。日々の習慣や考え方を変えることで、お金と自分との間にスキマをつくり、お金と上手に付き合っていくことは可能です。それが、**お金の流れを引き寄せ、資産を増やす**ことにもつながります。

その方法を、次のページからお話ししていきましょう。

お金の出入りの感覚を体でつかむ

では、どうすればお金と自分との間にスキマをつくれるか。

それは、**「お金の出入りの感覚を、体でつかんでおくこと」**です。

金銭面がピンチになってくると、人はお金の動きから目をそらすようになります。

月々の収支や銀行の残高、借金額……といった数字を、見ないようになるんですね。

でも、それは非常に危険な兆候。いくら浪費しようが、借金しようが、その人の考え方次第ですが、お金の流れをきちんと見て、数字で知っておくことはとても重要です。

出入りを把握した上で、今後の見通しが立っているのなら、いくらローンや借金があろうが構わないのです。

いったん出入りの感覚さえつかんでおけば、いちいち口座の残高をチェックしなくても、「今月は使いすぎたな」「今年はかなり余裕があるな」と、なんとなくわかってきます。そうなると、急に高額の出費があったとしても、「どうしよう、払えない！」と慌てたり、不安になることがありません。

「え？　お金がなかったら、慌てるだろう」って？　確かに！（笑）　だからこそ、自身にどれくらい出費のキャパシティがあるか「体感」で把握しておくと、限界を超える高額の出費は起こりません。出費の機会があるときに、「あ、これは無理だな。払わない」と判断できるのです。しかし、自分の体裁や他人の顔色などを気にしていると、つい払いすぎてしまいます。自分以外の要素が混ざって、体感が当てにならない。他人の目線で自分のスキマを埋めてしまって、お金を含む自分のエネルギーが、外へ流出している状態です。

自分が欲しいものにお金を出しているのは全然ＯＫです。お金を出した分、自分にも何かが返ってくる。自分に投資しているようなものです。

しかし、**他人の目線を意識した出費は、自分には何も返ってきま**

せん。ただ、エネルギーが外に流れ出ただけ。これを「ムダ遣い」と言います。

ちょっと品のないたとえかもしれませんが、他人の目線を意識した倹約・節約は、排泄物をガマンしているようなもの。たまったガマンは、そのうち、爆発します。「私にはもったいない！」「これを買ったら、周りに何と言われるか」など、**他人の目線を意識して自分への投資を怠ると、自分の価値がどんどん下がっていきます。これ、「貧乏精神」です。**自分の価値が下がれば、お金も回ってきません。

欲しいものにはお金を払う。「払い」は「お祓い」で、ガマンも外に流れていきます。他人目線でない出費は、お金の流れ、自身の流れを清めてくれるでしょう。

そうしてきれいになった「空きスペース」、すなわち「スキマ」に、新たなお金の「流れ」も入ってくる。自分の内側から湧き出る「出入りの感覚」をせき止めなければ、清らかで豊富な水量の川のように、お金もたっぷりと、滞りなく流れるでしょう。

「お金がある」と思うことは、精神的な余裕＝スキマがある状態。

僕の場合、働き始めて、しばらくたった時点で預金通帳を見なくなりました。それは、自分のお金の出入りの様子からして、支出が収入を上回ることはまずなさそうだとわかったから。自由に使えるお金がいくらなのか、体感でわかってきたんですね。

特に最近はキャッシュレス化や電子マネーの普及で、「お金を使った実感」が湧かず、出入りの感覚がつかみづらくなっています。

そうしたときは、電子マネーやクレジットカードの利用を一時的に控えてみるのもいいかもしれません。たとえば**月々の給与を全額現金で下ろして、その中で1カ月やりくり**してみる。すると、やはり現金の存在感って大きいもので、物理的に見える化することで、増減がダイレクトに感じられます。

お金の流れをつかみ、スキマをつくる実験として、一度トライする価値はあると思います。

お金を呼び込むのは、マイルールを淡々と実行できる人

お金の増やし方や使い方に関しては、さまざまな考えがありますが、共通して言えるのは、**「自分なりのルールをつくり、淡々と実行できる人」が成功する**ということ。

「積立式のインデックスファンドを続けて、コツコツ増やす」

「投資は一切しない」

「ヘタに貯金があると働くモチベーションがなくなってしまうから、あえて有り金は全部使う」

どの考えも、正解とも間違いとも言い切れません。

ポイントは、いずれの方法を選ぶにせよ、他人のルールに流されないこと。僕の周りでも、**他人に流されたり、やり方をコロコロ変えたりするのではなく、マイルールを機械的に続けていける人が、着実に資産を増やしています。**

なぜ、「マイルールを実践し続けること」が重要かというと、人間はお金に関しては非合理的な行動を取ってしまう生き物だからです。

これを証明しているのが、2002年にノーベル経済学賞を受賞したダニエル・カーネマン氏による「プロスペクト理論」です。

プロスペクト＝Prospectとは期待する、予想する、見込むといった意味の英単語。この理論では、「人間は利益よりも損失をより重視する」ことが指摘されています。要するに「損をしたくない！」。得する喜びよりも、損する痛みの方を、人間の感情は強く感じる特徴があるのです。左のグラフで示すように、10万円得する満足よりも、10万円損する不満の方をより大きく感じます。この差はおおむね「2倍」と言われて

プロスペクト理論

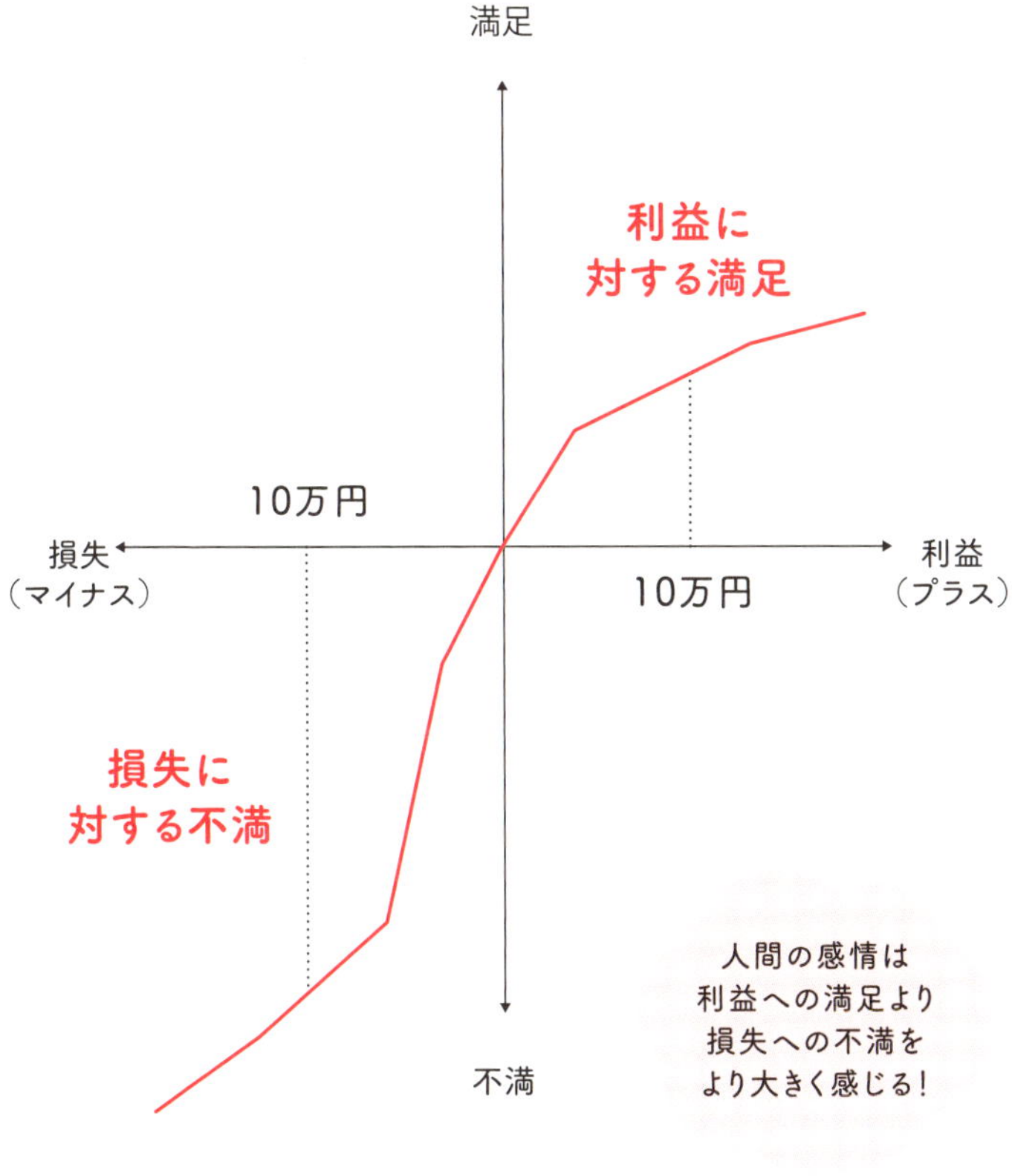
満足
利益に
対する満足
10万円
損失
（マイナス）
10万円
利益
（プラス）
損失に
対する不満
不満
人間の感情は
利益への満足より
損失への不満を
より大きく感じる！

います。10万円損する不満の大きさは、20万円得する満足の大きさと同じくらいです。

そう言われてみるとそうだなあと、共感される方も多いでしょう。これが普通だから、多いはずです(笑)。それで、何か問題があるでしょうか?

問題あるんです。**「損したくないっ!」が強すぎて、損するのです。**

株の売買にたとえてみましょう。所有する株が下がったときは、さっさと売りに出して損切りするのが正しい選択です。それがわかっていても、人はなかなか手放せない。損したくないからこそ「損は確定したくない」。そのせいでどんどん損失が膨らんでいき、かなりの痛手になってからようやく手放し、大きな不利益を被ることになります。

反対に株が上がった場合、業績好調の会社なら、さらに値上がりする可能性が高く、株を保有し続けるのが正しい選択です。それがわかっていても、人はその後の値上がりを待たずにすぐ売ってしまう。損したくないからこそ「利益は早く確定したい」。そのせいで十分な利益を得られない結果になります。

人は得すると臆病になり、損するとギャンブラーになる。この己の感情のまま選択すると、損失はより大きく、利益はより少なくなるでしょう。

損したくない感情でいっぱいの状態は、「お金と自分の間にスキマが空いていない状態」とも言えます。そのため冷静な判断力を失い、非合理的な行動を取ってしまうのです。

「ああ、私はまさにそうだ」とがっかりしたり、ご自身を責めたりする必要はありません。大丈夫。だって「みんなお金について判断を間違う」と、偉い学者さんが証明してくれたのですから(笑)。

「私の判断は当てにならない」と自覚する。これでお金に困らなくなります。

お金に対してはあくまでクールになり、余計な意味づけを捨てる。プロスペクト理論が示すように、誰の判断も当てになりません（汗）。

クールにお金と付き合うには、**「お金というドラマ」の主人公になるのではなく、あくまで観客でいることが大切。**マイルールの実行は、その冷静さを保ち、お金を呼び込むために、とても重要な手段なんです。

財布は自分を向上させる絶好のツール

税理士の亀田潤一郎さんがお金と財布の関係について書いた、『稼ぐ人はなぜ、長財布を使うのか?』(サンマーク出版)というベストセラーがあります。この本によると、年収と財布の価格には関連性があり、**財布の価格の200倍が、その人の年収になる**そう。つまり、5万円の財布を使っている人なら、年収は1000万円です。この法則通りならば、100万円の財布を買えば、年収は2億円になる!(笑)だったら、借金してでも今すぐ買うべきですよね!!(笑)

そんなに虫のいい話はないとは思いますが、実はこの法則、**自分の目標を設定するにはとても有効な考え方**なんです。

まず、自分が今使っている財布の価格を考えてみましょう。仮に2万円くらいの財布を使っていて、年収が500万円だと仮定するなら、「年収1000万円を目指すために5万円の財布を買ってみよう」と考えるのは、健全な向上心だと思います。

そしてもし、年収が500万円なのに1万円未満の財布を使っているなら、自分を低く見積もっていることになる。自分の収入レベルに合わせて、もっと高いものを使ってもいいんだ、ということですね。

「今の年収は500万円だけど、せっかくなら5000万円を目指してやろう。その方が夢があるじゃないか」。そう考えるなら、いっそ20万円の財布を買ったっていい。

そうすると、財布をきっかけにして「年収5000万円を目指す生き方をしてみよう」と、自分のマインドが切り替わる。財布は、客観的に自分とお金の関係を見て、**「自分はどう生きたいか」を考え、自分を向上させてスキマを広げるための絶好のツール**でもあるんです。

僕自身、もともと財布は、使えれば何でもいいので安物で構わないと考えていました。けれど、財布と収入の話を聞いたときに、ふと腹の底から湧き上がるものがあって、グッチの長財布を使用することに。年収は数倍になりました。

これは要するに「欲」が意識の底から引き出されたということ。その欲に即反応したのは、その欲を「自分自身が叶える」と腹を決めたからです。当たり前ですが、財布がお金を稼ぐことはしません。しかし、財布のグレードを変更することで、意識のギアチェンジが自然と起こります。

たとえば支払いのときも気分が変わる。ケチくさい様子を示せなくなります。安物の財布だと、むしろ支払いをケチる方が似合うんですけどね（笑）。

もちろん高い財布を使い、収入を上げることが「正しい」とは言いません。そして、安い財布を使い、お金を欲しがらないことが「正しい」わけでもない。先ほども申し上げたように、他人の目線を意識した出費はムダ遣い、他人の目線を意識した節約は、排泄物をガマンするようなもの。どちらも不健康です。

財布は、自身のお金に対する潜在意識をあらわにしてくれます。ぜひ、ご自身の財布と向き合ってみてください。

適度な浪費が、自分の器を広げてくれる

「浪費」は、一般的にはあまりよくない行為と見なされていますよね。

身の丈に合わない高級品を買ってしまったり、必要のないものを衝動買いして、やってしまった……と反省した経験のある人は多いと思います。

でも、**浪費したい気分のときはガマンするのではなく、素直に欲望に従った方がいい**と僕は思っています。

浪費したいときって、体で言うと「吐き出したい」感覚に近いんです。要するに、ストレスがたまっているサインですね。もし、無理にガマンしても、吐き気がずっと続いてしまうだけ。いっそ吐いてしまった方が、スッキリできるんです。

浪費したい気持ちは適度に解消してあげることで欲求が収まり、ストレスをため込むこともなくなります。**ヘタに抑えつけると、少額のムダ遣いが何回も続いてしまう**ような事態になりかねません。あくまでも生活が逼迫しない範囲内であれば、適度に自分を甘やかすのもよいのではないでしょうか。

時には背伸びをしてお金を使う経験も、成長のためには必要。痛みを伴うこともありますが、むしろ痛みを伴わないと背伸びにならないですが（笑）、それは**〝自分という器〟を大きくするための成長痛**なんです。

僕自身も、突発的に高いものを買ってしまうことはよくあります。

以前、新宿の伊勢丹に、「これいいな」と思うトレンチコートがあったんです。僕の予想では18万円くらいかな？と思っていたのですが、店員さんに確認したら30万円！僕の中では衝撃でしたけど、動揺は一切顔に出さず、「そうなんですね、このコートに合うマフラーも欲しいな」なんて言って（笑）。

そのときはなかなかの出費になりましたが、服にお金をかけるのは、僕は悪いことではないと思っています。

というのも、**服は体に直に接するもの。だからこそ、心地いいもの、クオリティの高いものを身につけることで、自分自身の感度のレベルも上がっていきます。**上質なものを身につけるほど、物事の良しあしが肌感覚でわかるようになるでしょう。

安いからといって、着心地の悪いものや、質が低いものばかり身につけていると、自分のテンションが下がっていくし、発する雰囲気も暗くなってしまう。

身につけたときの直感で「私にぴったり」「着ていて気持ちいい」と思える服を選ぶことで、いい出会いを呼び込めたり、収入のレベルも上がるはずです。

ただ、あまりに浪費が続くときは、「どれだけストレスをため込んでたんだ!」と、自身の生き方にツッコミを入れてくださいね（笑）。

「誰にお金を使うか」を意識する

お金の使い方には、その人自身の生き方が表れるものです。

僕が本の執筆や講演活動を始めた頃、周りの人が食事をおごってくれるようになったんですね。僕は「そういうものなのかな？」と素直にごちそうになっていましたが、接待みたいなものでしょうか。芸能人気分を味わったものです。でもあるとき、同じように本の執筆や講演活動をしている妻がファンの方と食事に行って全員の分を支払っているのを見て、**「おごってもらってばかりいる場合じゃないな」**と目からウロコが落ちたんです。それから、お金の使い方に関する考え方はかなり変わりました。

僕は、大学講師として教鞭をとる傍ら、読者の方に本を買っていただいたり、講演に参加していただくことで生活している。そこで得た利益を**もらいっぱなしにするのではなく、きちんと周りに還元していく**意識が重要だと気づいたんです。

個人としての目先の利益だけを考えるなら、自分の資産を増やすことに集中していればいい。でも人の上に立つリーダーとして振る舞うなら、**「経済を循環させる」「世の中に貢献していく」**という意識が必要です。自分の資産だけでなく、周りの資産も増やしていく。そうすることで、自分自身も、周りの人たちも、共に発展していけるし、周りが豊かになることで、中長期的な利益の拡大にもつながります。

たとえリーダーを目指しているわけではなくても、**「お世話になった人への恩返し」を意識してお金を使う**ことは重要です。

自分に親切にしてくれる人がいると、人はつい増長して甘えてしまいがち。大事な相手のはずなのにおざなりに扱ってしまったり、反対に自分に何も与えてくれない相手の方にお金や労力を費やしてしまう……というケースはよくあります。

人は「この人は自分のことが好きだ、親切にしてくれる」と確信している人には、目を向けません。そして、「好きなのかどうか、確信が持てない人」に気に入られようと一生懸命になります。これは人間一般の「習性」です。

でも、これを続けていると、自分の味方でいてくれる人が衰退し、自分に何ももたらさない人が発展していく状況を招いてしまいます。これってスキマを空けて客観的に眺めてみたら、恐ろしいことですよね。**お互いに好意を持てる、認め合える人とこそ、共に発展していけます。**そうすることが、自分も周りも生きやすい世の中をつくっていくことにつながります。

「何に対して」「誰に対して」お金を使うのか。お金を使って、どんな世界をつくりたいのか。それを意識した使い方を心がけることで、自分だけでなく周囲全体のエネルギーも上向きになっていくでしょう。

思わぬ大金にも、動じない訓練をする

お金がないときだけでなく、大金が入ってきたときも、人は冷静さを失ってしまうもの。

相続や投資でいきなり数百万円、数千万円の大金が入ってくる……なんて経験をすることはそうそうないので議論されることは少ないのですが、僕の見る限りは**予期せぬお金が入ってくると、大抵の人はおかしなテンションになってしまう**んです。その結果、がめつい性格になってしまったり、お金を巡って争いが起きてしまったり……。

こうしたトラブルを避けるには、**「反応しない」**練習が役立ちます。

つまり、**起こったことに対して何もせず、そのまま放っておく。**

98ページで、問題をそのまま受容する「ネガティブ・ケイパビリティ」という能力について説明しましたが、これはその反対の「ポジティブ・ケイパビリティ」と言えます。ポジティブに耐える力です。

実は僕、20代の頃に宝くじで1000万円当たったことがあるんです。よく高額の宝くじが当たると、人生が変わると言いますよね。

では、僕がどうしたかというと……何もしませんでした。銀行に定期預金の口座をつくって、そのまま預けてそれっきり。なかったことにして忘れました。当時は特に欲しいものも借金もなかったし、使い道を考えることもせず、誰にも教えなかった。人に言ったのは本書が初めてです。プライベートでも誰にも言っていません。

これがまさに、ポジティブ・ケイパビリティなんです。

考えてみれば、大金が入ったことで慌てる必要はないし、特別な対策も必要ない。

むしろ**1年くらい寝かせておいた方が、その間にスキマができて冷**

静になれる。冷静さを欠いたまま「使わないともったいない」「何か有意義なことに使わなくては」「これを元手に増やさなければ」と余計なことをすると、失敗に終わる可能性もあります。

ちなみに僕は27歳から32歳までの5年間、会社を辞めて、無収入で大学院に通いました。宝くじの1000万円が役立ったのは言うまでもありません。

大金を得たら、どうしたって気持ちが浮つくし、生活レベルだって上げたくなってしまいますよね。でも成功しているお金持ちの人は、収入が増えてもテンションが変わらなくて、「単なる数字の増減にすぎない」と冷静に捉えている。これはスキマが空いているからこそ可能なことです。

資産の増減に一喜一憂せず、ある種の人ごとのように捉えてみる。そして他人の資産の増減については「謙虚に学ぶ」。自分の身に置き換えて教訓などを得る材料「だけ」にします。感情が湧いたら（たとえば、うらやましいとか）、湧かせっぱなしにする。感情が湧くのは自然ですが、その感情に基づいて、さらに想像をたくましくしたり、行動したりしない。スキマを広げるためにも、そうした練習をしてみてはいかがでしょうか。

第 5 章

人間関係編

成功する人は、
誰とでも対等な関係を築け、
ひとり時間も楽しめる

自分を率直に表現することで人間関係に恵まれる

よく、人の悩みの9割は「人間関係の悩み」と言いますよね。現代ではそれだけ多くの人が、人間関係でストレスを感じているのでしょう。

では「人間関係に恵まれる」とは、どんな状態を指すと思いますか？　友達が多ければ恵まれているかというと、必ずしもそうではない。僕が考える定義は、**「本音で付き合える人に囲まれている」**状態です。

そうした状態を引き寄せるには、「自分を偽らず、率直に表現する」ことが基本。人は「みんなとうまくやっていきたい」「悪い人と思われたくない」という気持ちが強いほど、本来の自分と違うキャラクターを演じたり、周りに合わせて本音を隠してしまうもの。でも自分を偽ったままでは、**「嘘をつき続けないと維持できな**

い人間関係」ばかりになってしまいます。これにはかなりの労力を使うし、何より自分自身が辛い。常に気を遣わないと、保てない関係ですからね。表面的には多くの友人に囲まれていても、精神的には疲弊するでしょう。

「とはいえ、自分が正直になったら今の人間関係が壊れるのではないか……」、そう心配するのも、もっともです。人と本音で付き合える関係を築くコツのひとつは「グループ交際よりも、1対1の関係を重視する」です。

友人・知人グループでの会話と、1対1の会話では、人はかなり違う「顔」を見せます。1対1で深く話してみると、人は全然違った側面を見せることを、皆さんも経験したことがあるのではないでしょうか。より率直に、より個人的な顔を見せるようになるのです。もちろん、あなた自身も全然違った側面を見せればいい。広く薄くより、狭く密な人間関係にシフトすると、おのずと「本音で付き合える人間関係」にシフトするでしょう。

率直になった上で、より人間関係をスムーズにするには、「自分の好き／嫌い」

「他人の好き／嫌い」を受け入れるスキマをつくることです。「自分の嫌い」は受け入れるけれど、「他人の嫌い」は受け入れない。こんな態度では、周りとうまくいくはずはありませんよね。

お互いの「好き」が一致していれば、おのずと関係はつながりますが、一致しない場合であっても、互いの「好き／嫌い」を認めて尊重すること。といっても、無理をして相手に合わせる必要はありません。好き嫌いを明確にしたら、違う部分は一線を引き、「価値観が違うな」「わかり合うのは難しいな」と思ったら、距離感を保ちます。

そもそも違う人間であれば、同じ価値観の人はいないし、わかり合えることもない。だからこそ、違いをつなぐためにコミュニケーションを取る。この距離感がすなわち「スキマ」です。**相手との間にスキマがあれば、摩擦が起こることも、「違いがあるのだから、当たり前」と、どこか達観します。**違う人間同士が一緒にいられるのは、奇跡ですからね。違いをつなぐ工夫が必要だし、お互いの状況が変われば、離れていくのも必然です。

この「距離感」の取り方も、上手な人と下手な人がいます。

たとえば人に何かしてもらったときに、ちゃんとお礼を言って、お返しができる。これは上手な人です。でも、下手な人は「もっとちょうだい」と要求がエスカレートする。調子に乗って増長した結果、相手から突き放されてしまうんですね。

こういう人は好意を示されたとき、「相手を支配してもいいんだ」、あるいは逆に「相手は支配してくれるんだ」と見なしてしまうんです。でもそれは間違い。好き＝支配したい／支配されたい、という意味ではありません。**人間関係を「支配／被支配」の依存関係でしか捉えられない人はスキマがありません。**だから、自分と相手との距離感が「すごく近いか、すごく遠いか」と、極端になるんですね。

では、どうしたら距離感が「適切」になるのか？　それには「対等な関係」を築くことです。地位や人種、国籍、性別、年齢、思想、立場などの違いはあれど、すべての関係は「対等」だと腹落ちすると、距離感が生まれます。優劣や上下はあくまで人間の成果物にあるだけで（仕事の成果、アイデア、体力、学力など）、人間そのものにはありません。「相手は対等である」と認識して、初めて相手との間にスキマをつくることができます。

このことに理屈では同意しても、行動に表せないのであれば、親子関係がまだ依存的なのかもしれません。親子関係はもともと依存関係です。この親子関係が人間関係の原点ですから、すべての人間関係に影響します。**親子関係が依存関係のままであれば、すべての人間関係が依存的になります。**距離が近い関係ほど、依存的であることを求めます。しかし、親子関係が対等になれば、すべての人間関係も対等になるでしょう。

親子関係が対等になるためには、親だけれども、子だけれども、ひとりの友人知人として見た場合、どういう人なのか、どういう関係性なのかを想像してみてください。いい友人にもなれる仲であれば対等な関係と言えます。

「コミュ力の高さ」は男女で異なる

「コミュニケーション力を高めたい」。そう願う人は多いようです。企業や組織側からも、「コミュニケーション力の高い人を採用したい」という声をよく聞きますよね。

日本経済団体連合会（経団連）の「2018年度 新卒採用に関するアンケート調査」の調査結果によると、企業が「採用選考時に重視する要素」は16年連続でコミュニケーション能力です。

コミュニケーション力は「社会の中で他者との関わりを持つために必要とされる能力」。企業に限らず、家庭、学校、地域社会、SNSなど、人と関わるあらゆるシーンで重要な能力です。

僕が考えるに、この「コミュ力の高さ」には、男女で違いがあるようです。

男性で「コミュ力が高い人」というのは、周りをしっかり見られる人。ひと言で言うと「親切な人」なのですが、表面的な優しさではなく、相手の気持ちや状況を理解した上で、気配りができる人が、「コミュ力が高い」印象となります。たとえるなら、**レストランに行ったときに、「みんなは何が食べたい？」と、周囲の要望を聞ける人**ですね。

なぜなら、男性は基本的にワガママだから。そう言うと開き直りのようですが、自分本位になりがちな生き物だからこそ、周りに気を配れる男性は「私のことをちゃんと見てくれているんだな」と相手に好印象を与えます。自分の話をするより、周りの話に耳を傾けること。**スキマ力のある男性は、「自分本位な私」との間に距離ができている**んですね。

反対に、**女性で「コミュ力が高い人」は、自分をしっかり見られる人。**「コミュ力が高い」と評価されている女性を見てみると、あまり周りを気にしていない人が多いんです。女性の場合、どうしても人目を気にしたり、周囲に合わせなくてはならない場面が多いせいか、自分のことがおろそかになりがちなんですね。周りのことはよく観察しているのに、自分の本心や主張がわかっていないことが多い。だからこそ、**あえて「自分本位」な部分を持つ**ことが大事なんです。

周りに気を配りがちな生き物だからこそ、自分本位な女性は「自分の意見をちゃんと持っているんだな」と相手に好印象を与えます。周りの話を聞くより、自分の話をすること。**スキマ力のある女性は、「周りに気を配る私」との間に距離ができている**んです。

先ほどのレストランの例で言うなら、みんなの希望を聞くんじゃなくて、**「私はこれが食べたい！」と何のためらいもなく言える女性。**相手に合わせることも相手に反発することも、相手本位です。相手に意識を向けるのではなく、自分自身に意識を向けられる女性が、有意義な対人関係を築けるでしょう。

人と食事をしたときに、自分や周りがどう振る舞っているか。「スキマ力」の視点で、一度観察してみてください。

憧れの人は、嫉妬ではなく〝学習対象〟に

最近は「インスタ疲れ」「LINE疲れ」という言葉もあるように、SNSに義務感を覚えて面倒になったり、他人と自分の生活を比較して落ち込んでしまったり……という人も増えているようです。

自分の投稿に「いいね」をもらって嬉しい気持ちになる。これは健全な反応ですが、他人をうらやんだり、妬みそねみのような**ネガティブな感情が湧いてくるなら、SNSとの距離感を見直すべき**です。

上手にSNSと付き合える人は、「うらやましい」という気持ちを、「どうすれば自分も取り入れられるか」と建設的に考えることができます。憧れの芸能人がいたら、

「魅力はどこにあるんだろう?」「なぜ素敵と感じるんだろう?」と、まずは分析する。次に、髪型、メイク、ファッション、話し方、立ち振る舞い……など、その人の素敵なところを真似して、自分の中に取り入れていく。相手と自分の間にスキマがあるから、**嫉妬の対象ではなく、「学習の対象」として見られる**んですね。

LINEなどのやり取りで、即座に返事を求められたり、しがらみに巻き込まれる感覚が辛いという人もいるでしょう。僕自身は知らない人からもよくメッセージが来る職業柄、平気でスルーする力が身につきましたが(笑)、そうはいかない場合もありますよね。

返事をするのが面倒くさいなあ……と思うときは、**「なぜイヤなのか」、自分の感情を掘り下げてみる**ことをおすすめします。

たとえばママ友とのLINEが面倒なら、返さなかったらどうなるのか、最悪の事態を想像してみる。ママ友同士のグループで仲間外れにされるかも、重要な情報が回ってこなくなるかも、子ども同士の関係にまで影響が及ぶかも……。「わが子がいじめられてしまったらどうしよう?」と心配する方も多いでしょう。

でも、実は子ども自身の問題ではなく、自分が昔いじめられたり、仲間外れにされた経験があって、そのトラウマがフラッシュバックしてしまう……。そうした自分自身の過去の経験が原因になっているケースもあります。自分は何がイヤなのか、何を気にしているのか。そこを掘り下げて見つめることで、悩みの根底がクリアになり、対処法が見つかりやすくなります。


悩みとは面白いもので、自分が何に悩んでいるのか、苦しんでいるのか、認識した途端に消えることがしばしばです。

僕の例で言うと、自分で起業したときに、商品・サービスをつくってお金をいただくのは、すごく心がしんどかった。「なぜ、しんどいんだろう?」「お金を得たら、どうなるの?」「最悪どうなるの?」と掘り下げていくと、「お金を得ると堕落する」という思い込みが出てきました。この思い込みに気づいたら、あとは手放すだけ。正確に言うなら、不要な思い込みは、認識した途端、手放そうと意識しなくても、勝手に離れます。もちろん僕も、お金を得るのがしんどくなくなりました。

スキマの法則は、パートナーシップの構築に威力を発揮する

仕事、お金、人間関係……と、あらゆる事柄に役立つ「スキマの法則」なのですが、唯一、この法則が通用しないジャンルがあります。それは、恋愛。

残念ながら万能ではありません。

恋愛は、ある種の思い込みや勘違いからスタートするもの。極端に言うと、客観性や冷静さを失わないとできない行為です。いわば**「スキマがなくなった状態」が、恋愛状態**ですよね。スキマがあって、相手との関係を冷静に分析できるようでは、恋しているとは言えません。

恋愛初期の脳は、アドレナリン、ノルアドレナリン、ドーパミンなどの化学物質で

あふれかえっています。これらのホルモンが分泌されると脳は興奮状態になり、血圧や心拍数も上昇します。

「いろんな人にモテたい」のなら、スキマの法則は有効でしょう。しかし本気で恋愛をするためには、残念ながらあまり役立ちません。あきらめてアホになってください(笑)。アホにならないと、テンションの高い楽しさは味わえません。

ただし、大抵のカップルの場合は、**恋愛が始まって半年もたつとスキマが自然と空いてきます。**見た目や新たな刺激に慣れてくるわけですね。そうなると、この「スキマの法則」が威力を発揮してくる。安定した恋人同士の関係になってから、結婚してから、すなわち「パートナーシップの構築」が問われるようになってからが、スキマの法則の出番です。

前述しましたが、そもそも違う人間であれば、同じ価値観の人はいないし、わかり合えることもない。だからこそ、違いをつなぐためにコミュニケーションを取る。これはパートナーシップにも当てはまります。**男性は自分ばかりを見がちだからこそ、相手をよく観察し、相手が喜ぶことを自分の喜びとする。女性は相手ばかりを見がちだからこそ、自分自身をよく観察し、自分が喜ぶことを自分の喜びとする。これが対等なパートナーシップの基本原則**です。

「パートナーと意図せず距離が遠くなってしまった」「好きな人と距離を縮められないで悩んでいる」、そんな方も多いでしょう。スキマの法則ではなく、すきま風が吹いている状態ですね（汗）。相手の気持ちは相手のもの、私の気持ちは私のもの。これも基本原則ですね。

相手が自分の意図通りにならないのは、ごく当たり前のこと。相手を自分の意図通りにしようとする人からは、人は離れます。「コントロールされている」と感じたら、人は本能的に反発するからです。

それでも相手をコントロールしたくなるのは、恋愛やパートナーシップを、それがないと「死ぬ」「生きていけない」「私には価値がない」と生存本能レベルで捉えているから。**人はひとりで生きていけるし、幸せになれるし、人生を楽しめます。**このことが納得できたら、相手をコントロールしようとは思わなくなるでしょう。もうその必要はないのですから。

成功する人は、地味なひとり時間も楽しめる

「成功する人は、社交的であるべき」「オフの時間も大勢の人と会って情報交換すべき」と考える人は多いのではないでしょうか。でも、必ずしもそうとは言い切れません。特に「余暇の時間をどう過ごすのか？」については、その人が内向的なタイプか、あるいは外向的なタイプかで、適した行動パターンは異なります。

「人と一緒にいると元気になる人」は外向的、「ひとりでいると元気になる人」は内向的なタイプです。外向的なタイプは人と接して、ざっくばらんに話すことでひらめきが得られます。一方、内向的なタイプはひとりでじっくり思索にふけることで、いいアイデアが湧いてきます。あなたは、どちらのタイプに

当てはまりますか?

もしあなたが本当は内向的なのに無理をして人と会っていたら、どんどん疲弊、消耗してしまうでしょう。成功している人は、たとえ自分がどちらのタイプなのか把握していなくとも、自然に自分に適した行動を取ります。「こうあるべき」という世の中の基準より、自分の正直な感覚を「当たり前に」優先しているんですね。

また、外向的なタイプでも、**安定して成功している人は、プライベートな時間は静かにリラックスして過ごしている**場合が多いもの。家族や親友など、本当に心を許せる相手と過ごしたり、行きつけのバーに行ったりして、英気を養います。オフだからといって、刺激を求めて大勢と派手に遊ぶような行動はしません。派手に遊ばなきゃいけないほどストレスをため込んでないからです。

ひとり時間や身内との時間は、決して「インスタ映え」しない、地味な時間です。でも、そうした**地味な時間を楽しめるのは、他人の目線を気にしてい**

ないからこそ。派手に遊んでいる様子をSNSにアップしている人をよく見ますが、実はそうした人は、他人からどう見えるかを気にしている、スキマに余裕のない状態。スキマのある人ほど、**何でもないひとりの時間をまったり楽しむ**ことができるんです。

夫婦の会話にネガティブな言葉が増えたら危険信号

一緒にいて辛くなる人、いつも自分を振り回すような人とは、距離を取るのが一番です。特にその相手が家族の場合、距離が近すぎて、相手との関係性が見えなくなりがち。自分が相手をどう思っているのか、どのくらい影響を受けているのか判断するためにも、いっそ**「3年くらい交流を絶ってみる」**のもひとつの手です。

家族も、子どもが社会人になれば、他の人と変わらない、対等な人間です。お互いを尊重する関係が築けないなら、交流を続ける意味はあるでしょうか。なお、子どもの人生を支配したり、悪影響を与えたり……といった「毒親」に悩まされている場合は、完全に関係を絶つのが賢明でしょう。

夫婦の場合、完全に亀裂が入ってしまったときは離婚に至るとして、その前段階、つまりすきま風が吹き始めていて、このまま放っておいていいのかわからない……という微妙な状態もあるでしょう。それを判断するには、会話の中の**「ポジティブな言葉とネガティブな言葉の割合」**が目安になります。

夫婦間コミュニケーション研究の第一人者でワシントン大学名誉教授のジョン・ゴットマン博士は、結婚1年目のカップルが10年以内に離婚するか、安定するか、正確に予測する研究を行ってきました。その研究成果を一行にまとめると、パートナーや結婚生活に対して前向き・肯定的であれば、結婚生活は安定的になるとのこと。

なんだ、当たり前のことじゃないかっ！とツッコミが来そうですね（笑）。

たとえば、実験用アパートで1週間、夫婦のコミュニケーションをビデオで記録すると、関係の良好なカップルは、ほめ言葉が批判的な言葉の5倍ほど交わされたとゴットマン博士は報告しています。良好なパートナーシップにおけるポジティブな言葉とネガティブな言葉の割合は、**ポジティブ5：ネガティブ1。**

新婚カップルであることを差し引いても、ポジティブの割合が相当高いと思う方もいるでしょう。しかしビジネスチームの成功においても、数学者マルシャル・ロサダの研究で、ネガティブなコミュニケーションの約3倍の量のポジティブなコミュニケーションが必要と指摘されています。3倍未満だとチームのパフォーマンスが落ち込むのです(正確には2・9013倍未満)。そして理想はポジティブ6：ネガティブ1。余計にハードルが上がりました（笑）。

それだけネガティブな言葉は、関係に悪影響を及ぼすものです。だから、ネガティブな言葉が増えているなら危険信号。改善するには、意図的にポジティブな言葉を増やせばいいのですが、「ほめるところがない！」と容赦ない方もいるでしょう。ポジティブな言葉を言うには、相手のことを知る必要があります。相手の価値観や夢、希望、関心などを知ることです。

ゴットマン博士は、知ることを「愛の地図を強化する」と表現します。愛の地図とは、脳の中にあって、パートナーについての情報を記憶する場所のことです。

こんなことを言っていて、僕もいつか離婚するやもですが（笑）、愛の地図を強化した結果であれば、仮にそうなっても良い思い出、離婚もお互いにとって良き方向になるでしょう。

家族や仕事における人間関係がストレスになっている人にとって救いになるのが**「利害関係のない友人関係」**です。大人になると、純粋な友人関係を築きにくいものですが、利害関係のある知人ばかりだと、心安らぐ時間がなくなってしまう。用事がなくても定期的に会って食事をしたり、他愛ない会話を楽しむ。そうした時間を持つことで、心は安らぎ、スキマも広がっていきます。

特に男性は、定年退職などで職場が生活の中心ではなくなった場合、男性の友達がいると幸福度が向上します。僕もそれを知っているから、ではありませんが、同じフリーランスの友達が何人かいます。

僕のブログ読者さんなら、「どら焼きを一緒に食べている白石泰三さんのこと？」と想像するでしょう。その通りです（笑）。泰三さんは友人の作家・脚本家で、甘いものとお茶をいただきながら定期的に雑談しています。同業者なので、対談などのお仕事を共にすることもありますが、あまりしすぎないように気をつけています。利害を離れた関係でいたいからです。

うまくいかない相手には、反応を変えてみる

職場の上司や先輩など、逃げたくても逃げられない関係もありますよね。恫喝してきたり、理不尽な要求を押しつけてきたり、パワハラのような言動に及ぶ相手とまともに向き合おうとしても、こちらのスキマが奪われてしまうだけです。

こうした相手には、いくつか対処方法があります。

ひとつは、**「コミュニケーションパターンを変えてみる」**方法。たとえば職場でいつも怒鳴っている人は、「怒鳴る→相手が謝る」というパターンができ上がっているんですよね。今までずっとそのやり方が通用してきたから、誰に対しても同じやり方で動かそうとする。そのパターンをあえて崩すんです。言い返す、ほめ

てみる、決して謝らない……。反発、賞賛、スルー、何でもいいです。**いつもと同じ返答をやめて、言葉のチョイスを変える**だけでも構いません。とにかく**「これまでと同じ反応をやめる」**のです。

これは、「理不尽なことを言われても引いちゃダメだよ」という正論や精神論ではありません。単に「違うパターンを入れて、今までの関係性を変える」コミュニケーション上のテクニックです。今までとは違う反応をこちらが返すことで、相手も今まで通りに振る舞えなくなります。

うまくいかない相手とのコミュニケーションを改善するには、45ページで紹介した「6眼モデル」も役立ちます。この分類によって、相手が「自分目線の人か／他人目線の人か」「分析的か／感覚的か」「新しいことが好きか／伝統やルールを大切にする人か」などがわかります。

たとえば**過去の話が多い人は伝統や習慣、ルールを大切にする人**

なので、こちらもそれに合わせる。「◎◎さんはどう思うかな?」「その話、◎◎部長に通した?」といった発言が多い人なら、「◎◎さんはこう言っているので、OKするでしょう」「◎◎部はこんな見解なので、△△した方が話が通りやすいでしょう」など、あらかじめ**他人目線の話題を振ればいい。**「俺はこう思う」「自分はこれが好きだ」とよく言う**「自分目線」の人なら、「◎◎さんはどう思いますか?」と意見を求める**ことでスムーズにやり取りできます。

なぜこちらが合わせなきゃいけないんだ!と思うかもしれませんが、他人の考え方は変えられません。それに相手の目線に一度合わせると、自分の意見も通しやすくなります。「この人はルールを大事にしているだけなんだな」「理屈っぽい性格なんだな」と理解して、相手に合ったコミュニケーション方法を取ったほうがずっとラクだし、腹も立たないもの。

人の言動に悩まされたときは、まず相手の性格を分析し、発言の背後にある考え方を探ることで、衝突をスムーズにかわし、自分の意見も「合意できる形」にうまく調整できるようになります。

怒りは1分で静まる

前出の友人・白石泰三さんがホテルマンだったときのこと。泰三さんはクレーム処理の達人でした。クレームですから、相手は怒っています。難しい状況ですよね。でも泰三さんはその鎮静化が得意で、クレームが多発していた部署の立て直しに配属されるほど。泰三さんの配属後、クレームの発生件数はほぼゼロになりました。

そのコツをまとめると、この2点です。

「基本的に人は、ひとつのことに対して1分以上怒り続けることはできないので、まず1分間、一切口を挟まずに相手の話を真摯に聞くこと」

「1分経過して、相手の気分が少し落ち着いたと確認できてから、本格的な対応に入ると大体うまくいく」

「怒りのピークは6秒で終わる」説、聞いたことのある方もいるでしょう。どんなに怒りを覚えてもカッとなって反射的に言い返したりせず、6秒我慢せよ。そうしたら徐々に理性を取り戻し、冷静な対応ができるというものです。

人間は怒りを覚えると、脳内の大脳辺縁系《だいのうへんえんけい》でアドレナリンやノルアドレナリンが大量に分泌されて、脈拍は速く、血流は増え、興奮状態になります。大脳辺縁系は、他の動物にもある原始的な部分で、怒りや不安、恐怖などの感情や本能を司ります。

この怒りを抑えるのが前頭葉。理性的な判断や論理的思考を司り、怒りをコントロールするのも前頭葉の働きです。実に人間らしい部分ですが、人間はこの前頭葉が発達していいます。怒りが瞬時に発生するのに対して、前頭葉は働くまでに少し時間がかかります。その時間は4〜6秒。怒りが発生して4〜6秒後に、前頭葉は活発に働き始めるのです。

前頭葉が活発に働くほど、意識空間にスキマがつくられているといえるでしょう。逆に言えば、前頭葉がろくに働いていないときは、スキマのない、まるで余裕をなくしている状態です。そのわかりやすい例が、怒りにとらわれているときです。

泰三さんのクレーム対応だと、6秒ルールどころか、1分ルールです。それだけ待てば、相手も前頭葉でコミュニケーションできる。

同時に、自分自身も、怒りをガマンしている状態では、いつまでも前頭葉が働きません。**怒られているときは、内心鼻をほじりながら聞くくらいの余裕があると、自分自身の前頭葉も働くでしょう。**

お互いに前頭葉でコミュニケーションできる状態にならないと、話にならないということですね。

第6章

暮らし編

心地いいと感じる
空間や習慣が
スキマを広げる

環境のリセットで、人生の流れを変える

「着替え」という言葉がありますが、これは**「気変え」**、つまり「気を変える」の意味にもつながります。

自分の人生を変えたい、流れを上向きにしたい、成長に停滞を感じる……。

そんなときには、服や家具、部屋など日常的に身の回りにあるものを手放し、新しいものに替えてリセットする。そうすると、**自分を取り巻く「気」が変わり、新しい流れを呼び込むことができます。**

僕自身も、「気変え」のために、5年に1回くらいのペースで引っ越しをしています。ちなみに、僕の引っ越しはほぼ全捨て。本当に大事なものを段ボール3箱分ほど

転居先に送ったら、家電も家具も服も処分。「この部屋に残ったものは全部捨ててください」と業者の方に伝えて、あとはキャリーバッグとカバン、着の身着のままで引っ越します（もちろん、パソコンやスマホ、貴重品など最低限のものは持っていきますよ！）。必要なものは、新たにイチから買い直します。

そこまで極端でなくてもいいのですが、大事なのは「不要なものを手放す」こと。**不要なものを残したままだと、新しいものが入ってくる「スキマ」がなくなります。**

実際、**引っ越しで流れが上向きになる**のを、僕自身も感じています。

若い頃は毎日が成長で、考え方も価値観もどんどん変化していきますが、ある程度年齢を重ねると、どうしても成長がストップしてしまう。経験が枷となって思考も凝り固まっていき、自覚のないうちに考え方がずれてしまう可能性があります。自分では正しいつもりでいるけれど、実は今の時代には、不適切な考えかもしれない。でも、それを自分で判断するのは難しいんですよね。

そこで、空間の力を借りて強引に「気変える」。その手段のひとつが、引っ越しです。いったんすべてを捨てて、**「自分がどんな暮らしをしたいのか」「自分には何が必要なのか」をイチから考える。**そうすることで、本当に必要なものが見えてきます。

今までは必須と思っていたものが、「意外となくてもなんとかなる」と気づくこともあるでしょう。反対に、やっぱり自分にとって必要だと再認識したなら、手放したものをまた手元に置けばいい。だから前の部屋と同じものを再び揃えたとしても、それはそれでOKです。

環境を変えても、自分自身に変わりたい気持ちがなければ、結局は元と同じ。それでも、「自分は変わりたくないんだな」と気づくいいきっかけになります。

自分が本当に大切にしたいもの、守りたいものが何かを知るためにも、定期的に環境をリセットしてみるといいでしょう。

運を呼び込む空間づくり

引っ越すときは、どんな環境、どんな部屋を選べばいいのか。これも運気を上げるには、チェックしておきたいポイントです。

風水では**「背山臨水《はいざんりんすい》」**、つまり背後に山、前方に川や海、湖がある場所が理想的と言われています。先日、台湾を代表するホテル「圓山大飯店」に泊まる機会がありましたが、まさにこのホテルは、典型的な「背山臨水」の立地でした。やはり立地条件の良い場所は、寺社仏閣や老舗が押さえているんですね。

都会ではそうした環境を見つけるのは難しいですが、たとえば丘の上にあって、川を見下ろし（見えなくとも、近くにあればいい）、緑や木がそばにあるだけでも構いません。できるだけその条件に近い場所を選ぶことで、いい流れを引き寄せられます。

水は「上から下」に流れるもの。対して、山は「下から上」へ登っていくもの。**「上から下」「下から上」の両方のエネルギーがバランスよく同居**していることが、運気の流れを良くするには重要です。

部屋選びでは、**「空間のゆとり」や「日当たりの良さ」**も重視していただきたい点です。

狭くてものを詰め込まざるを得ない部屋では、空間的な「スキマ」がなくなり、気の流れも悪くなってしまいます。

僕も以前、日当たりが悪い部屋に住んでいたことがあります。僕の部屋は1階で、窓の前には隣の建物。日中でもほんのわずかしか光が差し込まず、まだ深夜だと思っていたら、すっかり朝だったことも（笑）。そんな部屋では気持ちがよどんでしまうし、もちろん運気も上がりにくい。気がついたら、寝る以外はほとんど部屋にいませんでした（苦笑）。

とはいえ状況が悪くなるほど、人は狭くて日当たりの悪い、まったくゆとりのない場所に住みがち。そうした流れを変えるには、やはり思い切って、環境をがらりと変える必要があるんです。

掃除や片づけでスキマをつくる

引っ越しはそう頻繁にできることではありませんが、**掃除や片づけでも、気の流れを変えることはできます。**

余計なものであふれた部屋、汚れた部屋では、よどみができて風通しが悪くなり、「気の流れ」も滞ってしまう。当然ながら、そこで過ごす人も日々ストレスを受けることになり、スキマを失ってしまいます。

良い気を呼び込むには、空気の滞りをなくし、常に清潔な空気が循環するようにすること。窓や扉から入ってくる風や光を遮るものを省き、明るくて風が通り抜ける空間をつくることが大切です。
特に、風水でも**「気の入り口」とされる玄関の掃除**は、念入りに行いたいものです。たたきの水拭きはよい気変えになります。靴の出しっぱなしは避けるようにしましょう。

お風呂やトイレ、キッチンなど水回りの掃除も、気を変えるには有効です。排水口のぬめりや汚れを掃除すると、胸のあたりがスースーと清涼感に満ちて、爽快で気持ちいいですよね。これって、単に見た目がきれいになったから、という理由だけではないんです。

汚れをこそげ落とし、水で洗い流す行為は、そのまま「心のモヤモヤ」「雑念」を洗い流すことにつながります。心をスッキリさせるためには、極めて即効性の高い行為だからこそ、**「水回りの掃除は開運になる」**と言われるんですね。

いい運を呼び込みたいと願うなら、日常的な掃除の気持ちよさを実感して、心地いい空間づくりを楽しめるようになってください。気持ちいいよりも、しんどいが勝ってきて、どんどん気分が重くなってきたら要注意。

水回りの掃除は、胸のあたりが清涼感で軽くなって、まさにスキマが拡大するのですが、気分が重くなってきたら逆にスキマが小さくなっています。

「ちゃんとやっている人だと見られたい」と他人の目線を意識した掃除も、やはり何も返ってきません。掃除をしたエネルギーが外に流れ出るだけ、つまり疲れるだけです。本当は気が進まないのにガマンして掃除をするのは、排泄物をガマンするようなもので、気の流れも滞ったままなのです。

開運掃除がしんどくなる根本の理由は、そのとき、その場で体が気持ちよくなっていることに気づかないから。先々に何かラッキーが起こることだけを期待したり、誰かにほめられることだけを意識したり。その結果、今、この瞬間に気の流れが循環し、「自分が」気持ちよくなっていることに気づかないんです。

運を呼び込みたいなら、「いつかいいことが起こるはず」と先のことに意識を向けるよりも、今の自分が感じている心地よさをしっかり受け止め、楽しむことが大切なんです。

「自分だけの空間」を持つ

家族と住んでいる場合でも、スキマを広げるには**「自分だけの空間」**を持っていた方がいいでしょう。それぞれの個室があればベストですが、環境によってはそうもいきませんよね。その場合は、部屋の一角に好きなものを並べるスペースをつくったり、お気に入りの椅子を置いたり、私物にこだわったり、**自分の好みでつくり上げた空間を持つ**とよいでしょう。

特に寝具にはこだわって、肌触りの良いベッドリネンや寝心地のいい布団、マットレスを選ぶと、睡眠時間にもスキマを拡大できます。

もしくは、家の外に「自分だけの空間」をつくるのも手。いわば「出張所」ですね。

リラックスできる行きつけのカフェ、居心地のいいバー、のんびりできる公園……。心からくつろげる場所を持つことで、自分の意識空間も広がっていきます。

自分だけの空間は物理的なものだけでなく、精神的にもつくることができます。それこそ、スマホでＹｏｕＴｕｂｅを見ている時間でも、自分だけの空間はできています。つまり「自分が没頭できる空間」ですね。

そうした空間を持たず、他人と常にスペースを共有していると、人は「自分の好みや価値観」「自分だけの感性」を失ってしまいます。

たとえお子さんであっても、それは同じです。子ども部屋がなければ、たとえば着る服はお子さん自身が選ぶ。それだけでも、お子さんの空間は生まれます。

自分の好みや趣味がしっかり反映された空間を持つことで、思考や価値観が育まれ、スキマも広がっていくでしょう。

あふれる情報と、どう付き合うか

四六時中、スマホやパソコンから新しい情報やニュース、メッセージが飛び込んでくる今の時代。好むと好まざるとにかかわらず、あふれる情報によって自分のスキマが奪われてしまう場合があります。

そんなときは、スマホやパソコンを持たずに出かけたり、一定期間電源を切ったり、SNSの通知をオフにしたりして、強制的に情報を遮断するのもひとつの手です。いわゆる「デジタル・デトックス」ですね。

無理にネットやSNSをシャットダウンしなくても、**「日常と違う場に身を置く」**ことでも、デトックスは可能です。

たとえば旅行する、家庭菜園で植物に触れる、お気に入りの入浴剤を入れた湯船に浸かる、釣りに行く、編み物をする……など、方法は人それぞれ。

日常の雑事から離れて、目の前のことに集中できる時間であれば、何でも構いません。

大事なのは、情報に疲れて余裕をなくしたときにどうすれば平穏な気持ちを取り戻せるか、**自分なりのリセット方法を知っておく**こと。

僕の場合は神社に参拝することが、一番のデトックスになっています。

メールやＬＩＮＥは時間やこちらの都合を問わず、いつでもやってくるものなので、時として急かされているような気分になりますよね（～ようなではなく、急かしているんです！とお仕事相手の声が聞こえてきました・汗）。

でも、神社に参拝して境内のベンチに座ってメールを読むと、すごく清らかな心境になっているせいか、どんなメールに対してもフラットな気持ちでいられるんです。

まさに、ネガティブ・ケイパビリティもポジティブ・ケイパビリティもできている状態と言えます。

スキマがなくなると、メールを受け取ったときに、追われているような気持ちになったり、相手の言い回しに苛立ったり、感情を振り回されてしまうもの。自分なりのリセット方法を見つけてスキマをつくっておけば、そうした焦りや苛立ちはなくなります。

メールを返信するときの心境は、自分のスキマが空いているかをチェックする、リトマス試験紙にもなるんです。

自分の「快」「不快」を知るワーク

人生の大きな決断から、日常の些細な選択まで、何か行動を起こすときに、「これはするべきか、やめるべきか」と迷うことは多々ありますよね。

選択肢が分かれたとき、「自分にとって損か得か」で結論を出す人が大半だと思います。でも、もうひとつ、**「自分にとって快適か、不快か」を基準に判断する**方法があります。損得は「理屈」ですが、快・不快は「感覚」です。

この仕事を受けたら得するけど（損しないけど）、イヤな感じがする……。

そんなとき、迷った末に「ガマンしても引き受けよう」と損得を優先し、快・不快を後回しにすると、心のゆとりが奪われ、スキマは減ってしまいます。

身体的な不快感は「体からの声」ですから、頭で考えて出した答えよりも、自分の本心に近い。スキマをつくるためには、理屈よりも自分の「体の感覚」を大切にすべきなんですね。

これはきれい事ではありません。第4章の「お金編」でご紹介したプロスペクト理論が示すように、損得の判断って当てにならない。損得勘定で判断すると、結果的に損をするから申し上げているんです（笑）。

それほど、快・不快の感覚は繊細でわかりにくく、しっかり自分の体に目を向けないと気づかない、奥深いものなんです。

第3章の「仕事編」では嗅覚を鍛える方法をご紹介しましたが、快・不快を知るためにもうひとつお伝えしたいのは、臨床心理学者のユージン・ジェンドリン氏が考案した、「フォーカシング」という方法です。

これはカウンセラーがクライアントに対して行う心理療法のひとつで、**自分の心や感覚に意識を向けることで、自己発見や気づきを促します。**

次のステップによって、自覚していなかった心の悩みや問題に気づくことができるようになります。

1　まずは、自分の体に「不快」「滞り」「重さ」「だるさ」を感じる部分がないか、じっくり探ります。足の裏から始め、足の指先、足の甲、足首、ふくらはぎ、膝、太もも、下腹部……と一カ所ずつ丁寧に意識を向けていきましょう。

2　「肝臓のあたりが重い」「左肩がだるい」など、不快に感じる部分があったら、その不快感にフォーカスし、呼び名をつけます。たとえば、肝臓が重いなら「肝臓くん」、ピリピリした痛みなら「ピリピリちゃん」など、呼び名は自由につけてＯＫです（この例はちょっと単純すぎますが・笑）。

3　「肝臓くん」に声をかけて、日頃の感謝を伝えましょう。
「いつも気を遣ってくれてありがとう、おかげで周りとうまくやることができたよ。でももう大丈夫だから、これからはそんなに頑張らなくていいよ」。こんな感じで呼びかけると、ふっと痛みが軽くなります。

4　ほかに不快に感じる部分がないか、体の別の部分にフォーカスしていきます。

このステップを繰り返していくことで、自分は何を快適に感じ、何を不快に感じるのかがわかり、快・不快の感覚に敏感になっていきます。

スキマを保つためにも、何か迷ったときには**体の声にしっかりと耳を傾け、感覚に従って選択する**といいでしょう。

呼吸を意識するだけで、スキマは広がる

今すぐスキマを広げたい！　そんなせっかちな人におすすめなのが、**「呼吸でスキマを広げる」**方法です。

スキマがなくなると、呼吸は「浅く、速く」なります。それを「深く、ゆっくり」に変えるだけで、スキマは広がります。ね、簡単でしょう？

それだけ？と思われそうなので、もう少し詳しく説明しますね。

普段、私たちは取り立てて意識せず、息を吸ったり吐いたりしていますよね。でも、ただ**目を閉じて呼吸に集中することで、意識が変わる**んです。つまり、「気変え」になる。「○○しなきゃ」「○○の件、どうなったかな？」といった気がか

りなことから解放され……ればいいのですが、最初のうちは雑念でいっぱいになることもあります（笑）。ほこりだらけの床を掃除するようなものなので、もうもうと、ちりやほこりがいったん舞い上がります。それでも目を閉じ続けると、人間は視覚から90％近い情報を得ているので、「情報デトックス」になります。

情報をデトックスし、**「今、息を吸っている」「今、息を吐いている」と、呼吸に意識を向け続けることで、「今、この瞬間」に意識が向きます。**すると副交感神経が優位になり、心が穏やかに満たされていく。これが、GoogleやYahoo!などの大手企業でも実践されている「マインドフルネス瞑想」です。

瞑想と聞くと、静かな環境でじっくり時間をかけて……と思う人もいるでしょうが、たった1分間でも効果は得られます。

次に僕が実践しているシンプルな瞑想法をお伝えしましょう。

1　座ってください。床に座ってあぐらをかいても、椅子に座っても構いません。息を吸いながら両腕を上に上げます。万歳のポーズです。息を吐きながら10秒ほど万歳のポーズを維持してください。

2　手のひらを上に向け、両手をひざの上に置いてください。親指と人さし指をくっつけて輪をつくります。他の指は軽く閉じます。

3　鼻で呼吸をします。息を吸うとき、「頭頂から良い気が流れ込んできて、丹田（おへその指2本下）にたまり、体全体が心地いい気で満たされる」とイメージしてください。

4　息を吐くとき、「丹田にたまった体内の気が、全身の皮膚を通して外へ広がっていく」とイメージします。

5　最低1分、3と4を続けましょう。慣れてきたら5～10分と続けてもいいです。終わったら、軽く膝をたたいてから、「今から目を開けます」と心の中で唱えて(口に出しても構いません)、目を開けます。

この瞑想法を行うと、全身の皮膚で呼吸しているような感覚になり、心地よくリフレッシュできます。森林などの「気」のいい場所で行うと、さらに雑念を祓い清める効果が高まります。

一般の人が日常で行う場合、一日数分で十分。できればこれを3カ月、継続してください。

潜在意識にアクセスし、スキマを開く

瞑想の効果や注意点について、補足しましょう。

瞑想しようとしても雑念が次から次へと湧いてきて、なかなか無心になれない……という人がいますが、雑念は湧いてもいいんです。心のデトックスが起こっている、と前向きに捉えてください。そうやって雑念が放出されていくと、今まで雑念で埋まっていた部分に空きができて、意識空間に「スキマ」が生まれるんです。

「え？　私は雑念が湧かない？」、いいじゃないですか。それは雑念が少ないか、瞑想に近いことをこれまでに経験してきたか、あるいは瞑想の才能がおありなのでしょう。

そうやって雑念が放出されていくと、だんだん「潜在意識」にアクセスできるようになります。潜在意識とは、自覚されない意識の領域のことですが、同じ潜在意識の中にも**「浅い潜在意識」と「深い潜在意識」**があります。

浅い場所にあるのは、普段あまり意識していないネガティブな感情です。これも雑念の一種ですが、少しずつ放出されていきます。このとき大切なポイントがあって、ネガティブ感情などの雑念にとらわれないこと。雑念が湧いたら、湧いていることをそのときに認識しましたよね、以上。雑念が湧いた、ネガティブ感情が湧いたと認識したら、それ以上追いかけない。思考を追加しないんです。

「雑念が湧いたら認識するだけ。それ以上とらわれないように！」。言葉で言うのは簡単ですね。でも実践は難しい。そんな人に適した方法があります。それが「今、息を吸っている」「今、息を吐いている」と、呼吸に意識を向け続けることです。

なぜこんなことをするのかというと、雑念を追いかけないように、ほかにやることをつくるんです。私は今、息を吸ってるなー、私は今、息を吐いてるなー。これだけを意識する。これ自体はどーでもいいことです（笑）。どーでもいいことですが、雑念から意識がそれるので、やってみてください。

そうやって雑念をスルーし続けて、もっと意識の深いところまで降りていくと（降りていくような感覚なんです）、何も気にならない私になります。これを「無心の境地」と言うのでしょうか。それまで悩んでいたり、気にしていたりしたことが、本当に消えます。

正確には他人が関係していることへの悩みが消えるのですが、悩みのほぼすべてに他人が関係していますから、すべての悩みが消えると言ってもいい。**「揺るぎない自分」「本当の自分のあり方」が見えてくる**んですね。

ただし、ぜひそうなりたいと思った方も、すぐにやってみようとしないでください。僕が先ほど紹介したシンプルな瞑想法を一般の人が日常で行う場合、一日数分で十分、できれば3カ月継続してくださいと申し上げました。**「3カ月継続できた方だけ」、意識の深いところまで降りていくことを、初めて意識してください。**焦ってやりたくなるうちは、スキマが不足しているからです。意識空間が大きくなるほど、より深いところまで降りていけます。

これまで、自分のルールや価値観に従って行動することで、スキマは拡大するとお話ししてきました。それを阻害しているのが、潜在意識の上の方にあるネガティブな感情、モヤモヤした気持ちです。正確に言うと、そんな雑念にとらわれてしまう自分自身が阻害しています。その雑念をスルーして潜在意識の下に降りることでモヤモヤが晴れる。雑念は空に浮かぶ雲のようなものです。雨の日も雲を突っ切った向こうは青空だと気がつきます。

瞑想を終えれば意識はまた元に戻ってきますが、いったん下まで行くことで、何かをつかむことができる。

「何か」とは、自分の本心や気づき、新たな発見です。悩みの向こう側で体験した

「揺るぎない自分」「本当の自分のあり方」です。

「こうあるべき」「こうしなきゃ」という思い込みから解放されて、自分が本当はどうしたいのかが見えてきます。

今の自分に必要なヒントや、成功を呼び込むための気づきが得られるんですね。**直感、インスピレーション**と呼ばれるものです。特に、瞑想を習慣づけてみてください。

想像力や発想力、ひらめきが必要な仕事をしている人は、直感を得るためにも、瞑想を習慣づけてみてください。

第 7 章

神様編

多くを求めず端的に願い、
神社の空気になじめる人が
神様から愛を受け取れる

神様から愛を受け取るのもスキマがカギに

スキマが「成功を呼ぶ」のは、とどのつまり「運気を上げる」からです。

すみません、怪しい話の時間です（笑）。

スキマのスは「素」、キは「気」、マは「間」。あなたの素直な気が、意識空間に満ちている状態が、運気の良い状態であり、スキマがつくられている状態です。この**素・気・間＝スキマづくりを支援してくれる場所が、日本全国に8万カ所以上あります。それは神社です。**ようやく神社の話か！と思う人もいるでしょうか（笑）。

皆さんが神社に参拝するときって、きっと「運気を上げたい」「願いを叶えたい」ときですよね。でも、ただ神社にお参りするだけでは、願いを叶えるのは難しい。当たり前のことですが、実際の行動が変わらないと何も叶いません。

神様の愛を受け取るには、ある秘訣があります。**より細かく言うと、どの参拝客に対しても神社の神様は愛を返しています。神様はみんなを愛しているけれど、その愛を受け取って願いを叶えるのには、少し心の訓練がいる。**それが本書で伝えている「スキマ」づくりと大きく関わっています。

皆さんは神社へ行ったとき、どんなふうにお祈りしていますか？　あれも叶えてほしい、これも叶えてほしい……と、必死になって願望を伝えてはいませんか？

お祈りをするときに、心が悩みや雑念、たくさんの願い事でいっぱいだと、神様の愛が入るスキマがありません。でも、スキマを空けて、**無心になればなるほど、そこに神様の愛を受け取る余地が生まれる**のです。

そもそも、神様には実体がありませんから、神様って何なの？と思う人もいるでしょう。宗教によって、主義主張によって、神様の捉え方も違うはずです。

だから以下は、神社に参拝することで、僕自身が個人的に感じたことだとご理解くださいね。

神様とは、いわば「知的な空気」です。目には見えないし、話すこともできないけれど、でも何らかの意志がある。そして空気のようにその存在を「感じる」ことはできます。空気はスキマに入り込んできますよね。余計な考えを解放してスキマをつくること……「素」の「気」に戻って、「間」を空けることで神様を招き入れることができるのです。

神様は空気ですから、風や雲と一体になって移動することができます。水に溶けて、川や海の流れとなって移動することもあります。神社に行くと、実際によく風が吹きますし、付近には川が流れていることが多いです。風や水の流れが「神様の通り道」なのですね。

この**風の流れ、水の流れを、古代の人は「龍／龍神」と表現しました。**龍とは流れであり、神様の通り道を行き来する存在です。

つまり、神様と私との間に龍が行き来する「通り道」をつくることが大事。その「通り道」はどうやってつくるのか、次の体験談をお読みください。

以前、友人と参拝に行った際、ずっと拝み続けている男性がいました。そんなに熱心に、何をお祈りしているんだろう?と不思議に思うくらい長い間、肩に力を入れて拝んでいたんです。そのうち、僕の友人が彼の横に立って、祈り始めました。すると突然、「友人の立っている側」にだけ、強い風が吹いてきたんです。友人が戻ってきても、まだ先客の男性は祈り続けていました。

「風が吹いていたけど、どうやってお祈りしたの?」と友人に聞くと、「特別なお願い事はせず、ただ日頃の感謝をお伝えしただけ」との答え。その友人は数カ月後、努力だけでは実現できないような、大きな願いを叶えました。

先客の男性に、なぜ風が吹いてこなかったのか。つまり、なぜ神様の通り道ができなかったのか。恐らく、お願い事で頭がいっぱいになり、神様を受け入れるスキマがなかったのでしょう。一方、僕の友人は肩に力を入れず、ただ神様へ日頃の感謝を伝えていた。特別なことをせず、ただシンプルに手を合わせていたことで、神様を受け入れるスキマができたのでしょう。

愛は受け入れることです。愛という漢字は受の真ん中に心と書きます。願い事で心がいっぱいな人は、「私を愛してください！」とアピールし続けているのと同じ。神様に愛してほしいけど、神様を愛しているわけじゃない。

神様のご神体は「鏡」です。光を反射しますし、愛には愛が返ってくる。喜びには喜びが返ってくる。あなたの光には、光を返してきます。

つまり、神様を愛したら、神様に愛される。

対して、執着や怒り、嫉妬、恨みのようなネガティブな感情は、「闇」です。光のように反射せずに、神様はただ愛を持って闇を受け入れる。愛してくださいアピールも執着ですから、ただ黙って受け入れる。**神様の愛は、光には光を返し、闇は返さずに受け入れます。**神様を憎んだら、神様に憎まれるのではなく、無です。何も反応は返ってこず、ただその憎しみは吸収されます。

闇は決して悪いものではなく、あっていいんです。出していい。愛してくださいアピールだってしていい。その闇を吐き出すことで、スキマをつくる余裕が次第に生まれてきます。いらないエネルギーを捨てているからです。

神社は闇を吸収し、光を豊かさに変えるところ。そのまま、ありのままでご神前に立ちましょう。

人生が好転する祈り方とは？

神社でどうお祈りすれば、願いが叶うのか。まずは、「スキマ」をつくるための祈り方をお伝えしておきましょう。

1 住所・氏名を伝える

初めに住所と名前を伝えます。神様は、あなたがどこの誰であるのかわかりません。個人情報を特定することで、神様とあなたとの間を接続します。

2 神社にお参りできたことへの感謝と願いを伝える

「参拝させていただき、感謝申し上げます」と伝え、願いを伝えます。特に願いが思い浮かばないなら、それもOK。思考を働かさず、素のままでいることです。

3「祝詞《のりと》」を唱える

「はらいたまえ　きよめたまえ　かむながら　まもりたまえ　さきわえたまえ」と、神道の祈りの言葉を唱えます。意味は、「罪、けがれを取り除いてください。神様のお導きで、お守りください。幸せに繁栄させてください」です。「はらいたまえ　きよめたまえ」と短くしても構いません。

守る対象、幸せや繁栄を願う対象は、ご神体に祈ったすべての人々です。要するに祝詞では「神様、みんなを守って！　みんなを幸せに繁栄させて！」と祈っている。そのみんなの中には、あなた自身も含まれています。

基本のお祈りをした上で、さらにしっかり神様を受け入れるスキマをつくるには、どうしたらいいか。「参拝で人生が好転した！」と話す人の祈り方を分析すると、**3つのパターン**があります。

まず1つ目は、**「自分の目標を宣言する」**人。神様に願いを叶えてもらおうとするのではなく、自分がやりたいこと、やろうとしていることを、神様の前で誓い、約束する。祈りとは意を宣《の》ること。ご神前で己の意志を宣言することは、祈りのスタンダードです。

こうした参拝の仕方をしている人は、自分の中で迷いを断ち切ったり、確信を深めたりするのに、神社を活用します。手を合わせて目標を宣言していると、違和感やスッキリしない感じがある。そういうときは、「目標がずれているのかな？　手段がおかしいのかな？　何か迷いがあるのかな？」と自分を振り返る。そして迷いのない、しっくりする状態に調整していきます。

そうすると自分の力＝「自力」を大いに発揮できるようになり、結果的に願いが叶いやすくなるんですね。

2つ目は、**「誰かの願いを私が叶えます」**と神様に伝える人。「私が誰かの願いを叶えるお手伝いをするので、ご用がありましたら私にぜひお申しつけください」という感覚の人です。

神社に参拝したら、ほとんどの人は願いを言いますよね。でも大きな願いほど、叶えるためにはいろんな人の助けが必要になってくる。自力だけではとても手が足りないんです。だから神様はいつも、誰かの「他力」となれる人を求めている。**「こんな願いがあるのですが、誰か手伝える人はいませんか？」**と、求人募集しているんですね。

そこに「私がやります！」と手を挙げれば、神様から「じゃあ、よろしくお願いします」とお役目がやってくる。神様は「命《ミコト》」と呼ばれるお役目を人に与えるのですが、要するに誰かの願いを叶える仕事をあっせんしてくれるわけです。このお役目を引き受けることが、神様の愛を受け入れることです。自分の意志を伝え、そして神様の意志を受け取る。**「神様との双方向のコミュニケーションが大事」**なのです。

他人の願いを叶えるのを手伝ったら、どうなりますか？　信用が上がりますよね。

お礼として金銭をいただくことも多いでしょう。神様の代理人になって多くの人の願いを叶えていけば、いつしか世間一般で言う「成功した」状態にもなるでしょう。多くの人の夢や希望を叶えるほど、事業は拡大し、アスリートやアーティストは活躍します。

そして3つ目は、**「ただ手を合わせている」**人。投げやりになっているのではなく、ただ真剣に手を合わせているだけ。「自力」も「他力」も意識せず、今の状態を「静かに受け入れている」んですね。そうすると、神社に流れている空気と一体化するような感覚が得られる。神社にはご神木がありますが、その木と同じように、自分自身もただ立っているだけの状態になっていきます。

神社の空気に染まった人は、神様そのものになる

これは宗教的な話になりますが、神社の空気と一体となった状態を、神道の用語で**「神人合一《しんじんごういつ》」**と言います。

神道は神と人が合わさってひとつになることを目的とする宗教ですが、ただ無心に手を合わせていると、その「合一した状態」になれるんです。

仕事の場では、「会社に染まる」「組織に染まる」という言い方をしますが、それとよく似ています。その状態が心地いいから、その人はまた参拝するようになり、どんどん神社に染まっていく。この**「染まった人」も、神様の愛を受け取っている人**です。より正確に言えば、神様そのものになっている。

神様になるとは、大きな木や岩のように、ただ静かにありのまま、素のままでいる状態。それでいて存在感のある状態です。

会社や組織とは違って、いくら神社に染まっても誰かにコントロールされることはありません。神社にお勤めの神職さんや巫女さんは、参拝客に干渉してきません。染まるのは、あくまでも神様の「知的な空気」で、自主性や自立心を制限されることもなければ、考え方や価値観を変えるように干渉されることもない。**何にもコントロールや干渉されないのが、「神社に染まる」ことの良さ**です。

こんな話をすると、かしこまってしまい、かえって参拝しにくくなる人がいるかもしれませんね。私、静かな人間じゃありません、けっこう騒がしいヤツです、みたいな(笑)。もちろん、騒がしい人、にぎやかな人も歓迎です。神様はお祭り好きですから。参拝のきっかけは何だって構わないし、もちろんどなたがいらしても構わない。

その上で、神社の偉大さ、存在価値を理解する大切なポイントが、**神社の空気**

を好きになるかどうか、です。

「ただその場が好きだからいる」という感覚が強まるにしたがって、どんどん神社に染まっていく。願いも叶っていくし、不思議なことに、前とは違う願望が湧いてきます。

願望には、「浅い願望」と「深い願望」があります。浅い願望は、「他人が手に入れているのを見て、自分も欲しくなる」ような、なんとなくの願望。深い願望に気づくきっかけになることはありますが、浅いままでは他人は応援してくれません。他人からその実現を応援されない願望は、神様も後押ししないのです。

それに対して「深い願望」は、たとえばｉＰＳ細胞研究で知られる山中伸弥教授が「研究費用として10億円あれば、多くの人を救う研究ができるのに」と願ったとする。これは前者とはまったく願望の深さが違いますよね。より真剣で、切実で、実現可能性のある願いです。そうした「深い願望」は、神様も後押しし、実現の可能性が高くなります。

本気の願望じゃないと、そもそも自分の力は発揮できません。たとえば僕がiPS細胞の研究で10億円欲しいと願うのは、違和感しかありませんよね（笑）。これでは、神様も後押ししようがない。本気の願いであることが大前提です。

その上で、祝詞では「神様、みんなを守って！　みんなを幸せに繁栄させて！」と祈っていると申し上げました。みんなの幸せや願いを後押しする願望を、神様は後押しする。個人的な小さな願望が叶うコツも、そこに周りへの小さなプラスがあるかどうか。これは自己犠牲じゃないんですよ。みんなの中にあなたも含まれている。**あなたも私も幸せになる。それが神社で願うコツです。**

願いが叶ったときの空間を想像してください。あなたがいて、私がいて、あの人がいて、みんなが笑顔でいる。この想像の空間が、スキマの大きさです。

神社は「スキマ」をつくるのにぴったりの場所

神社は願いを叶えるだけでなく、「参拝するだけでスキマができる」場所でもあります。

この本では繰り返し、「自分と物事の間にスペースをつくること」がスキマの法則の基本だとお話ししてきました。

すごくイヤな出来事があったとき、その中にどっぷり浸かってしまうと、感情の波に溺れて適切な判断ができなくなります。

でも、それが他人だったらどうでしょうか？　どんなに深刻な状況でも、ハタから見れば「こうすればいいのに」と適切な対処方法が浮かぶものです。なぜそれができるかというと、起こったこととの間に距離が空いているから。自分がドラマに入り込むのではなく、「ドラマを観る観客の視点」をつくるのが、スキマなのです。

その視点をつくるのにぴったりの場所が、神社です。

先ほど神様はご神体が「鏡」だと申し上げました。神社には、神の体、すなわちご神体として丸い鏡が置かれています。あなたが参拝したとして、その鏡に何が映るでしょうか？　あなた自身です。

鏡に映った自分と、参拝している自分自身には距離がありますよね。そこに**「自分を見ているもう一人の自分」**が生まれる。自分と自分との間に「スキマ」をつくっているのです。

すると、先ほど言った「他人事」の視点が自然とできる。イヤな出来事にも、「神様のように広い視点から見たら、それも人生だよね」「アップダウンも生きる醍醐味だよね」。当事者視点から、他人事視点になることで、そう思えるようになります。

「神社に参拝する」行為は、日常とはちょっと違う、異質な体験です。その貴重な体験を積み重ねることで、視野が広がり、遠くまで見渡せるようになります。ある意味、海外旅行に近いかもしれません。

文化も価値観もまったく異なる国に行って「こういう世界もあるんだ」と知ると、自分の属している職場や学校、家庭が絶対的な世界ではないとわかってくる。これが、自分の世界と、自分との間にスキマが空いてきた状態です。それと似た効用が得られるのが、参拝の良さです。

時間に追われていると感じたとき、気持ちが焦っているとき、トラブルで頭がいっぱいのとき……。そんなときには、ぜひ神社へ足を運んでみてください。あなたの心から邪気が祓われ、清らかな「スキマ」がつくられるでしょう。

おわりに

結局、メンタルも基礎体力が大事

最後までお読みくださり、誠にありがとうございます。

本書は、自分の人生を歩みたい、引き寄せの法則を活用したい、でも、なかなかうまくいかない人に向けて書きました。

本書は「自分の人生を歩みたい人」のためのものだからこそ、「これだけやっておけばいい」と答えを出す内容ではありません。その代わり、ご自身でご自身の疑問に答えを出せるように、つくりました。そのための「スキマ」です。

拡大したスキマに、あなたの疑問に対する答えが浮かんでくる、引き寄せられてくる。自分で考えて答えを導き、決める、行動するための視点や気づきを、たくさん提供したつもりです。

いわば「心の基礎体力を鍛える本」です。メンタルはテクニックより、基礎体力。体も基礎体力は大事ですが、体の場合、筋トレやランニングのようにプレッシャーをかけて鍛えますよね。

メンタルの場合、リラックスするほど基礎体力がつきます。だから本書では、体育会系のノリは徹底排除しました（笑）。

体の筋肉と違って、そのつき具合は目に見えません。しかし「本人は」実感としてわかります。本書は、見えないメンタルの筋肉が着実につく一冊です。

最後に、本書の誕生に関わってくれた人たちに感謝させてください。

妻の八木紗弥佳のエピソードが何度か登場しましたが、彼女の視点には、新鮮な刺激をもらっており、本書を生み出すインスピレーションになりました。ご関心のある方は、八木さやオフィシャルブログ「誰でもできる楽園レシピ」をぜひ訪れてください。

「100日ブログの会」を主宰した、大阪市西区で「肉まんアトム」を経営する冨樫功さん（通称アトムさん）、「開運Ｂｏｏｔ Ｃａｍｐ」を主宰したブロガーの現金好き子さんにも感謝します。お二人の取り組みは、第3章の「失敗は改善のヒントにすぎない」でご紹介しました。

そして本書の担当編集者である扶桑社の合川翔子さん、ライターの工藤花衣さんにも、その丁寧なお仕事ぶりに心より感謝しております。お二人の印象は「清潔感のある人たち」。僕には出せない雰囲気が本書によく出ていると思います。

僕自身、これからもスキマを拡大し、自分の人生を歩みます。

激動の時代だからこそ、心に余裕を。人の不安や怒りをあおる情報がたくさん飛び交う時代だからこそ、心に静寂を。

真実はあなたの中に。

八木龍平

八木龍平 やぎ・りゅうへい

（社会心理学者／神社案内人）

同志社大学経済学部を卒業後、NTTコムウェア勤務を経て、北陸先端科学技術大学院大学にて博士号（知識科学）を取得。2006年11月、博士論文の執筆で追い込まれていた深夜、寮の自室に仏様の映像が現れ、メッセージを聴く神秘体験をする。以来、見えない“氣”に敏感になり、スピリチュアルな感覚が開発される。富士通研究所シニアリサーチャー、北陸先端科学技術大学院大学・客員准教授、青山学院大学非常勤講師を歴任したのち、現在は武蔵野学院大学国際コミュニケーション学部兼任講師として「情報リテラシー」を教える。

ブログやセミナーでは「リュウ博士」として、神社参拝、和の叡智、スピリチュアルな感覚をトレーニングする方法について発信している。著書『成功している人は、なぜ神社に行くのか？』（サンマーク出版）は、27万部突破のベストセラーになる。そのほか、『成功している人は、どこの神社に行くのか？』（サンマーク出版）、『成功する人が磨き上げている超直感力』（KADOKAWA）などがある。

BLOG

「リュウ博士の自分で考えるスピリチュアル
〜成功している人は、なぜ神社に行くのか？〜」
https://ameblo.jp/shoutokureiki/

STAFF

デザイン　小口翔平＋喜來詩織＋大城ひかり（tobufune）
カバーイラスト　福田玲子
校正　小出美由規
取材　工藤花衣
編集　合川翔子

運を呼び込む!
成功している人のスキマの法則

発行日　2020年7月3日　初版第1刷発行

著者	八木龍平
発行者	久保田榮一
発行所	株式会社 扶桑社 〒105-8070 東京都港区芝浦1-1-1 浜松町ビルディング 電話 03-6368-8870(編集) 03-6368-8891(郵便室) www.fusosha.co.jp
DTP製作	ビュロー平林
印刷・製本	図書印刷株式会社

ISBN978-4-594-08534-6